Cahiers de Logique
et d'Épistémologie
Volume 5

Logique Dialogique
Une Introduction
Volume 1 : Méthode de Dialogique
Règles et Exercices

Cahiers de Logique et d'Épistémologie Series Editors
Dov Gabbay   dov.gabbay@kcl.ac.uk
Shahid Rahman   shahid.rahman@univ-lille3.fr

Assistance Technique
Juan Redmond   juanredmond@yahoo.fr

Comité Scientifique: Daniel Andler (Paris – ENS); Diderik Baetens (Gent); Jean
Paul van Bendegem (Vrije Universiteit Brussel); Johan van Benthem
(Amsterdam/Stanford); Walter Carnielli (Campinas-Brésil); Pierre Cassou-
Nogues (Lille 3 – UMR 8163-CNRS); Jacque Dubucs (Paris 1); Jean Gayon
(Paris 1); François De Gandt (Lille 3 – UMR 8163-CNRS); Paul Gochet (Liège);
Gerhard Heinzmann (Nancy 2); Andreas Herzig (Université de Toulouse –
IRIT: UMR 5505-NRS); Bernard Joly (Lille 3 – UMR 8163-CNRS); Claudio
Majolino (Lille 3 – UMR 8163-CNRS); David Makinson (London School of
Economics); Gabriel Sandu (Paris 1); Hassan Tahiri (Lille 3 – UMR 8163-
CNRS).

Logique Dialogique
Une Introduction
Volume 1 : Méthode de Dialogique
Règles et Exercices

Matthieu Fontaine

et

Juan Redmond

ISBN 978-1-904987-94-9

College Publications
Scientific Director: Dov Gabbay
Managing Director: Jane Spurr
Department of Computer Science
King's College London, Strand, London WC2R 2LS, UK

http://www.collegepublications.co.uk

Original cover design by orchid creative   www.orchidcreative.co.uk
Printed by Lightning Source, Milton Keynes, UK

Cette méthode correspond au premier des deux volumes d'une introduction à la logique dialogique de la série Cahiers de Logique et d'Epistémologie éditée par College Publications et le groupe de recherche « Pragmatisme Dialogique » dirigé par Pr. Dr. Shahid Rahman, en collaboration avec l'Unité Mixte de Recherche 8163 – Savoirs, Textes, Langage de l'Université Lille 3 – Charles-de-Gaulle.

Table des matières

Préface

Ce livre est le premier volume d'un ouvrage, *Logique Dialogique : une introduction*, conçu selon deux parties autonomes sur la logique dialogique. Les deux volumes fournissent néanmoins, à un niveau technique et philosophique, une vue d'ensemble de l'approche dialogique de la logique.

Le premier volume, *Méthode de Dialogique : Règles et Exercices*, constitue la première introduction à la pratique de la dialogique, contenant des commentaires précis sur la solution d'exercices divers de logique classique de premier ordre, de logique intuitionniste et de logique modale propositionnelle. Le présent volume se partage lui-même en deux parties. La première étant écrite pour le lecteur non spécialisé envisage, pour apprendre à jouer avec des dialogues, un point de vue analogue à la façon dont on apprend à jouer à des jeux conventionnels comme les échecs par exemple : on se familiarise avec les règles qui gouvernent les figures, les règles du développement du jeu et finalement les règles qui produisent les stratégies gagnantes.

La deuxième partie contient une formulation plus précise de ce qui a été présenté et travaillé dans la première section. Elle se termine sur une justification de la correspondance entre la dialogique et le calcul des séquents.

Le second volume de *Logique Dialogique : une introduction* présente un contenu plus avancé incluant la métathéorie correspondante.

La logique du dialogue (aussi connue comme *logique dialogique* et comme *sémantique des jeux*) est une approche des sémantiques de la logique fondée sur le concept de validité (logique dialogique) ou de vérité (sémantique des jeux) appartenant aux concepts des jeux théorétiques, tel que l'existence d'une stratégie de victoire pour les joueurs. Paul Lorenzen (Erlangen-Nürnberg-Universität) fut le premier à avoir introduit une sémantique des jeux pour la logique à la fin des années cinquante (appelée *dialogische Logik*). Elle fut par la suite développée par Kuno Lorenz (Erlangen-Nürnberg-Universität, puis Saarland). Jaakko Hintikka (Helsinki, Boston) développait quant à lui, et presque au même moment que Lorenzen, une approche modèle-théorétique connue aussi sous le nom de GTS. Lorenz et Hintikka connectaient ainsi leurs approches avec les « jeux de langage » de Wittgenstein. En fait, Lorenz et Hintikka envisageaient leurs systèmes respectifs comme des façons d'implémenter la théorie de la signification de Wittgenstein dans la logique.

Depuis, de nombreuses sémantiques des jeux ont été étudiées en logique. Shahid Rahman et ses collaborateurs (Helge Rückert à l'Université des Saarlandes puis le groupe de recherche « Pragmatisme Dialogique » de l'Université de Lille 3) ont notamment développé la dialogique au sein d'un cadre général destiné à l'étude des questions logiques et philosophiques relatives au pluralisme logique et provoqué ainsi, en 1995, une sorte de renaissance ouvrant sur des possibilités inattendues. La dialogique s'est alors libérée du projet original de Lorenzen qui voyait la dialogique comme (l'unique) instrument adéquat pour poser les fondations de la logique intuitionniste. L'idée directrice de ces nouveaux développements consiste à considérer que les anciennes relations de la logique avec l'argumentation et les sciences ne peuvent être rétablies qu'à condition de concevoir la logique comme une structure dynamique. La thèse essentielle du groupe de Lille 3 est que le temps de la logique conçue comme un calcul statique est révolu et que ce point présente un nouveau défi pour la philosophie. L'importance philosophique d'une compréhension de la logique selon le point de vue d'une théorie des jeux a également été explorée et développée par l'approche de Jaakko Hintikka et ses collaborateurs dans les années soixante pour leurs premières formulations de la logique épistémique. Plus récemment, l'*Independance-Friendly Logic* de Jaakko Hintikka et Gabriel Sandu ouvrait, elle aussi, de nouvelles possibilités pour l'étude des relations entre logique et jeux au moyen d'une logique conçue pour l'information imparfaite.

Actuellement, ce nouvel essor philosophique coïncide avec un renouveau parallèle dans le champ des sciences théorétiques concernant l'informatique, la linguistique appliquée à l'informatique, ainsi que l'intelligence artificielle. Les nouveaux résultats concernant les relations entre la théorie des jeux mathématiques et la logique initiée par Johan van Benthem, la logique linéaire et la ludique de Jean-Yves Girard ou encore celle initiée par la théorie de l'argumentation et de la logique dans les travaux, entre autres, de E. Krabbe, H. Prakken, G. Sandu, D. Walton ou J. Woods, ont en fait placé la sémantique des jeux au centre d'un nouveau concept de logique où celle-ci est entendue comme un instrument d'inférence dynamique. Les relations entre logique et jeux connaît de nos jours une période de croissance vertigineuse, bénéficiant d'un élan trans- et interdisciplinaire où les travaux notamment de Andreas Blas, S. Abramsky, M. Hylan, W. Hodges, R. Jagadessan, G. Japaridze, L. Ong, sont en train de transformer la nature même de la logique et l'épistémologie.

Shahid Rahman

Présentation[1]

La dialogique aborde la logique comme une notion en soi pragmatique et se présente comme une argumentation manifestée sous la forme d'un dialogue. Ce dialogue se développe entre deux parties : Un Proposant, qui défend une thèse, et un Opposant, qui attaque cette thèse. La thèse est valide si et seulement si le Proposant arrive à la défendre contre toutes les attaques possibles pour l'Opposant. Les dialogues sont organisés selon deux types de règles, règles qui donnent en fait la signification des connecteurs logiques (ou particules). Des règles déterminent leur signification locale (règles de particules), d'autres déterminent leur signification globale (règles structurelles).

Le contexte

Depuis la Grèce antique, et suivant l'influence des sophistes, ou de philosophes comme Platon ou Aristote, l'argumentation a acquis une place prépondérante dans notre compréhension de la science. Plus généralement, et au-delà de la tradition occidentale, l'argumentation a joué, et joue encore, un rôle important dans les processus d'acquisition de la connaissance et ce, tant dans les sciences que dans la vie quotidienne. La notion d'argumentation est étroitement liée au concept même de raisonnement. En effet, on peut voir l'histoire des sciences comme le développement et la confrontation de différentes techniques d'argumentation ou de raisonnement ayant pour objet la quête du savoir. L'étude de ces techniques d'argumentation est par nature interdisciplinaire : différents régimes d'argumentation valent pour différents contextes. Or la logique porte justement sur les relations de ces genres d'arguments : les inférences. L'intérêt de l'étude logique des inférences est d'analyser la relation des éléments qui composent un argument. Plus précisément, il s'agit d'élucider les conclusions qui peuvent *légitimement* être obtenues à partir d'un ensemble de prémisses ; et une telle entreprise partage la dimension intrinsèquement interdisciplinaire de la théorie générale de l'argumentation.

Après les développements formels (mathématiques) de la logique dus à l'influence des travaux - entre autres - de Boole, Frege, Peano, Russell, Hilbert, Gödel et Tarski, la logique est également devenue un objet d'étude pour des sciences comme les mathématiques, l'informatique et la linguisti-

[1] Nous remercions Sébastien Magnier pour sa lecture attentive du texte et les corrections suggérées.

que. Mais c'est en philosophie que la logique a occupé une place de choix. La philosophie n'était pas indifférente à l'émergence de la nouvelle science. Les philosophes se sont aperçus très tôt des conséquences profondes de l'avènement de la logique moderne sur les mathématiques, l'épistémologie et sur la philosophie elle-même, comme en témoignent la richesse et la diversité des travaux de Husserl. Il est important de signaler que l'on commence à peine à reconnaître que la naissance des deux courants majeurs de la philosophie contemporaine (phénoménologie et philosophie analytique) est le fruit de la réflexion des philosophes de l'époque sur les problèmes relatifs aux fondements de la logique et des mathématiques. La phénoménologie, qui s'est développée sur le continent, et dont Husserl est le fondateur, a éliminé, de même que Frege, le psychologisme de la philosophie. La philosophie analytique, de Frege, Russell, puis Wittgenstein, s'est quant à elle plutôt focalisée sur l'analyse du rapport ente langage, sens et référence.

Entretenant un contact dynamique et critique à l'égard de la logique moderne, la philosophie analytique a connu un développement constant (et relativement inattendu), qui a fini par donner un nouvel élan à la philosophie contemporaine. Ce contact fructueux a par ailleurs permis de renouveler la façon dont on aborde certaines questions qui relèvent de la philosophie traditionnelle. Le lecteur (continental) est peut-être surpris d'apprendre que la logique moderne pourrait être à l'origine de la découverte de nouveaux horizons dont l'intérêt est d'abord et avant tout philosophique. En quoi la logique moderne interpelle-t-elle la philosophie ? Et comment la logique peut-elle être matière à réfléchir ?

Comme on l'a déjà mentionné, les inférences sont composées de prémisses et de conclusions, et celles-ci sont composées à leur tour de propositions. Mais alors qu'est-ce qu'une proposition ? Est-ce une entité linguistique ou une construction mentale ? Serait-ce plutôt un objet atemporel existant indépendamment du monde et du sujet qui le saisit ? Et pourquoi devrions-nous supposer qu'une proposition donnée est vraie ou fausse indépendamment de notre capacité à reconnaître quelle valeur de vérité s'applique ? Les propositions sont-elles vraies parce que nous en avons une preuve ? Mais alors qu'est-ce qu'une preuve ? Est-ce au contraire parce que les propositions sont vraies que nous en avons une preuve ? Et dans ce cas, que signifie la vérité en tant qu'on applique cette notion à une proposition ?

Outre ces questions, se pose également le problème de la vérité des propositions portant sur des fictions. Russell, considérant qu'une entité fictive ne peut appartenir à l'extension d'un prédicat, affirme que toutes les propositions au sujet des fictions sont fausses, excepté leur négation. Mais est-on prêt à adopter cette posture et à exclure de notre univers du discours logique les propositions portant sur les objets fictifs ? Les propositions portant sur les objets fictifs, autres que celles affirmant leur non-existence, sont-elles toutes fausses ou insensées ? Afin d'éviter ce genre de conclusion fâcheuse, ne peut-on pas introduire différents niveaux ontologiques ? Mais dans ce cas, que signifie exactement le fait de dire « il y a un objet fictif duquel on peut prédiquer P » ? Par ailleurs, et plus généralement, l'existence est-elle un prédicat ? Si elle ne l'est pas, qu'est-elle donc ? Si *k* est le nom d'un objet fictif, ce nom a-t-il une fonction autre que celle de désigner un objet ?

Enfin, y a-t-il une seule logique ou plusieurs ? Une logique universelle est-elle suffisante pour comprendre le raisonnement dans les différentes sciences ? Ne devrions-nous pas chercher plutôt différentes logiques pour différentes formes de raisonnement ? Que signifie alors le fait d'avoir des logiques différentes ? Y a-t-il différents connecteurs logiques, ou différentes manières de définir la notion d'inférence ? Et quelle est la signification d'un connecteur logique si l'on change la notion d'inférence ? Plus généralement, qu'est-ce que la signification en logique ?

Au fond, toutes ces questions se rapportent à une question plus générale : qu'est-ce que tirer « légitimement » une conclusion des prémisses ? Au lieu de se contenter de définir la légitimité, la manière de procéder typiquement philosophique consiste à chercher d'abord un cadre conceptuel qui fonde cette définition, et d'étudier ensuite les relations entre ce cadre conceptuel et les procédés techniques, qu'il légitime ou qu'il interdit.

En fait, on peut même se demander si, en cherchant à déterminer la notion de légitimité d'une conclusion, on doit essentiellement considérer la relation des propositions entre elles ou s'il faut plutôt s'intéresser à la relation entre le sujet épistémique et les propositions. Les philosophes qui veulent souligner la différence entre les deux types de relation utilisent dans le premier cas la notion de *conséquence logique* et ce n'est que dans le second cas qu'ils parlent d'*inférence*.

Aux origines de la tradition analytique, la logique était considérée comme l'instrument principal de la réflexion philosophique et opérait la liaison avec le domaine fascinant de l'étude du langage, qui domine actuellement la linguistique et la philosophie du langage. Celle dernière est d'ailleurs marquée de manière décisive par les travaux de Wittgenstein. Ce même lien se trouve au cœur des derniers développements de l'Intelligence Artificielle, particulièrement dans le cas des systèmes experts utilisés dans l'étude du raisonnement juridique et dans le développement des programmes de traduction automatique. L'Intelligence Artificielle, la logique et le langage permettent aussi de considérer sous un nouveau jour certaines questions philosophiques traditionnelles comme celle du rapport entre le corps et l'âme. En fait, aux débuts de la philosophique analytique, l'idée était généralement admise que l'étude de la pensée n'était possible qu'à travers l'analyse du langage. Et l'analyse du langage est une tâche qui ne peut être menée à bien que par le recours à la logique. Au sein du courant dominant, on a pu défendre le recours exclusif à la logique formelle.

Ce genre de thèse détermine aussi, bien entendu, le rôle du logicien en matière de philosophie des sciences. Trois types d'opérations relèvent de la compétence du logicien :

1. la formalisation des inférences typiques d'une science donnée ou d'un contexte donné de l'acquisition d'une connaissance,

2. le développement de procédés techniques qui ressemblent à l'application de la formalisation envisagée,

3. la réflexion sur les propriétés formelles et conceptuelles de la formalisation réalisée.

Pourquoi la Dialogique ?

D'un point de vue global, la philosophie est dominée aujourd'hui par deux écoles de pensée principales : la philosophie « continentale » et la philosophie « analytique ». Après avoir été longtemps considérées comme deux philosophies rivales, il s'est avéré récemment que la plupart des thèses défendues sont bien complémentaires plutôt que mutuellement exclusives. Cela rend possible le rapprochement des différentes positions adoptées. C'est que le temps est venu d'entreprendre de réaliser la synthèse des résultats obtenus par les deux traditions. Et ceci est tout aussi vrai pour la branche de logique et des sciences de la philosophie analytique que pour l'histoire « continentale » des sciences.

Il existe néanmoins une attitude aussi répandue que regrettable vis-à-vis de la logique, une attitude de déférence et dépourvue de tout sens critique consistant à admettre ce que l'on présente comme des lois immuables. Cette attitude repose sur l'hypothèse erronée que les principes fondamentaux de la logique sont, d'une manière ou d'une autre, des vérités inconditionnellement nécessaires qui ne devraient pas être remises en question, et que les notions de déduction et de démonstration ne doivent - ou ne peuvent - pas être soumises à un examen critique du point de vue philosophique.

A l'inverse, il arrive parfois que la logique soit considérée comme stérile – un simple *organon* – et qu'elle soit rejetée hors du souci propre de la philosophie. A vrai dire, l'enseignement de la philosophie, dans les séminaires philosophiques du monde entier, aide à comprendre cette schizophrénie. Stephen Read décrit avec justesse cette situation dans son livre *Thinking About Logic*[2]: l'approche dogmatique dans l'apprentissage de la logique, qui

---

[2] Read S. *Thinking about logic.* Oxford, Oxford University Press, 1994.

s'accompagne trop souvent d'une grossière ignorance du contexte historique dans lequel les théories logiques sont apparues, offre un contraste frappant avec l'examen critique, non seulement systématique mais encore historique, qui est d'ordinaire encouragé et exigé en philosophie.

La déférence aveugle de la logique est pour nous foncièrement dénuée de sens. En effet, les déductions de la logique sont, de fait, opérées par un agent. En tant que ces opérations sont le fait d'un sujet agissant, dont les préoccupations théoriques sont variées, elles obéissent à des principes qui varient eux aussi, et qui peuvent parfois être d'un usage aussi restreint que les plus contingentes des affirmations empiriques. La possibilité de formuler explicitement les mécanismes rationnels d'une telle « localité » garantit du même coup la richesse de l'étude logique du raisonnement.

A l'origine de ces défauts de l'enseignement de la logique en philosophie, on trouve assez souvent une forme de réalisme (ou de platonisme), plus ou moins naïf, davantage conjecturé, ininterrogé et implicite, que problématisé et déclaré. Cette philosophie admet d'une part le principe de bivalence (c'est-à-dire que toute proposition reçoit une valeur de vérité, le vrai ou le faux) et engage, d'autre part, la validité du Tiers Exclu (c'est-à-dire que pour toute formule atomique, soit elle est vraie, soit sa négation est vraie). Ainsi, toutes les propositions auraient une valeur de vérité qui serait déterminée indépendamment de la capacité d'un agent épistémique à reconnaître cette valeur de vérité, indépendamment de la capacité d'avoir une preuve de cette valeur de vérité. Cette façon de caractériser la vérité logique, difficilement compatible avec l'exercice du sens critique, est liée à une conception propédeutique de la logique comme *organon* aussi universel que figé, objet d'un apprentissage purement technique et préalable (ainsi qu'étranger) à l'exercice véritable du questionnement philosophique.

Dans son œuvre tardive, Ludwig Wittgenstein a usé sans relâche d'arguments contre les hypothèses réalistes et leur cohorte de « choses », « valeurs de vérité » et « signes », ou encore contre l'existence de rapports qui lieraient ces entités indépendamment du sujet qui en prendrait connaissance. En somme, il se pose en opposition au réalisme logique qui voit dans la logique une structure réelle et autonome, que l'homme ne ferait que découvrir. Contre cette approche de la logique, Wittgenstein attribue un rôle essentielle à la notion de contexte pour comprendre les usages du langage (et donc de la logique), développant ainsi une « théorie des jeux de langage », qu'on appelle de façon plus générale « approche pragmatique ».

L'enjeu qui se présente dès lors est de concevoir une logique qui supposerait une approche pragmatique et ne reculerait pas devant le questionnement critique. Une première réponse est le fruit des considérations suivantes : la logique formelle n'est pas quelque chose que l'on découvre, et qui détermine la structure sous-jacente de tout langage. On ne découvre pas la logique formelle, on la construit : elle est une normalisation, que l'on introduit pour répondre à des fins précises et qui correspond, en conséquence, à une pratique déterminée. S'il apparaît qu'elle n'est pas adéquate pour cette pratique, elle doit être modifiée.

L'interprétation dialogique de la logique, suggérée par Paul Lorenzen et mise au point par Kuno Lorenz[3], est justement la première re-conception fondamentale de la logique qui réponde au défi de l'approche pragmatique. Cependant, pour appuyer ces dires, il convient de pratiquer la logique dialogique. Mais c'est en forgeant qu'on déviant forgeron. C'est pourquoi on ne va pas développer plus loin cette discussion, et immédiatement proposer les outils de base qui permettent de comprendre et surtout de pratiquer la dialogique.

Dans la première partie de cette introduction, on abordera donc la logique dialogique propositionnelle, puis la logique dialogique de premier ordre et enfin la logique dialogique modale propositionnelle. Dans ces trois chapitres, on commencera systématiquement par définir le langage (propositionnel, de premier ordre, modal) qu'on utilise, puis on présentera le langage pour la logique dialogique. Ce langage permettra ensuite d'exposer et d'expliquer de façon minutieuse – et en s'appuyant sur la notion d'*état d'un dialogue* - les règles de particules ainsi que les règles structurelles des dialogues. On notera que chacune des sections de ces chapitres se conclura par un cadre récapitulatif des notions et autres règles engagées dans les explications. Ainsi armé de ces notions préliminaires, on pourra se lancer dans la pratique immédiate avec des exercices corrigés et commentés.

La deuxième partie quant à elle contient une formulation plus précise de ce qui a été travaillé dans la première et conclut ce premier ouvrage d'introduction à la dialogique sur une justification de la correspondance entre la logique dialogique et le calcul des séquents.

---

[3] Lorenzen P. et Lorenz K. *Dialogische Logik*, Darmstadt, WBG, 1978.

I-Logique dialogique : propositionnelle (LP), premier ordre (LPO) et modale (LM)

On commence par présenter le langage de la logique propositionnelle ainsi que la définition des formules (expressions bien formées) qu'on peut construire au moyen de ce langage. Conformément aux objectifs de ce livre, on entrera directement dans la dialogique avec ses règles de particules et structurelles. Le lecteur sera ensuite invité à mettre en pratique ces règles à travers des exercices de logique dialogique. Ce sera l'occasion de saisir le fonctionnement de ces règles, les principes de la dialogique, notamment une notion primordiale en dialogique : la notion de stratégie gagnante. Ensuite, on étendra les règles pour les appliquer à la logique de premier ordre et la logique modale propositionnelle. On suivra ainsi le même cheminement afin de conclure sur une mise en pratique immédiate avec les exercices.

On notera que, dans cette première partie, on s'en tiendra à une présentation plutôt intuitive des règles de la dialogique, et moins « formelle » que dans la seconde partie. En effet, l'enjeu étant tout d'abord d'apprendre à jouer en pratiquant immédiatement, les mêmes règles sont énoncées de façons différentes dans les deux parties de ce livre.

I.1. Logique dialogique propositionnelle

I.1.1 Langage pour la logique propositionnelle

Le vocabulaire pour un langage **L** de LP est défini à l'aide d'un ensemble nombrable **prop** de lettres (variables) de propositions (p, q, r…). Ces variables de propositions représentent des propositions atomiques que l'on combine au moyen des connecteurs habituels que sont la négation (¬), la conjonction (∧), la disjonction (∨), la conditionnelle (→) et les parenthèses pour exprimer des formules complexes.

Les formules (expressions bien formées, phrases) d'un langage **L** sont données par la définition suivante :

(i) Toutes les lettres de proposition dans le vocabulaire de **L** sont des formules dans **L**.

(ii) Si Ψ est une formule, alors $\neg\Psi$ est une formule.

(iii) Si Φ et Ψ sont des formules, alors $(\Phi \wedge \Psi)$, $(\Phi \vee \Psi)$, $(\Phi \rightarrow \Psi)$, sont des formules.

(iv)   Seul ce qui peut être généré par les clauses (i) à (iii) dans un nombre fini de pas est une formule dans **L**.

I.1.2 Langage pour la logique dialogique propositionnelle

Un langage pour la logique dialogique propositionnelle L_D s'obtient à partir du langage **L** de la logique propositionnelle (LP) auquel on ajoute quelques symboles métalogiques. On introduit les symboles spéciaux **?** et **!**. Les expressions de L_D réfèrent soit à une expression de **L**, soit à une des expressions suivantes : 1, 2. En plus des expressions et des symboles, pour L_D, on dispose aussi des étiquettes **O** et **P** pour les participants du dialogue.

Les dialogues se déroulent en suivant deux types de règles : règles de particules et règles structurelles. On commence par les règles de particules, on présentera ensuite les règles structurelles.

I.1.3 Règles de particule

Une *forme argumentative*, ou *règle de particule*, est une description abstraite de la façon dont on peut critiquer une formule, en fonction de son connecteur (ou particule) principal, et des réponses possibles à ces critiques. C'est une description abstraite en ce sens qu'elle ne contient aucune référence à un contexte de jeu déterminé et ne dit que la manière d'attaquer ou défendre une formule. Du point de vue dialogique, on dit que ces règles déterminent la *sémantique locale* parce qu'elles indiquent le déroulement d'un fragment du dialogue, où tout ce qui est en jeu est une critique qui porte sur *le connecteur principal* de la formule en question et la réponse correspondante, et non le contexte (logique) global dont la formule est une composante.

On peut aborder ces règles en supposant que l'un des joueurs (X ou Y) asserte une formule qu'il doit ensuite défendre face aux attaques de l'autre joueur (Y ou X, respectivement). L'assertion est soit une conjonction, soit une disjonction, soit une conditionnelle, soit une négation (soit une expression quantifiée quand on passera au premier ordre). De façon générale, on a donc deux types de coups dans les dialogues : les *attaques* qui, comme on le verra, peuvent consister en questions ou concessions, les *défenses* qui consistent en réponses à ces attaques.

Dans ce qui suit, on expliquera les défenses en termes de justification. Avoir une justification pour une formule complexe, cela veut dire qu'on est en mesure de la défendre contre toutes les attaques possibles de l'autre joueur. Avoir une justification pour une formule atomique, cela veut dire qu'on est en mesure d'opter pour une stratégie qui permette de la jouer (en l'occurrence, on verra dans les règles structurelles (RS-3) ci-dessous que **P** a une justification pour une formule atomique si et seulement si **O** lui concède).

Pour énoncer les règles, on utilisera les expressions suivantes :

$$\textbf{X-!-}\Psi,\ \textbf{Y-!-}\Psi,\ \textbf{X-?-}\Psi \text{ et } \textbf{Y-?-}\Psi$$

On suppose que X≠Y

Les tableaux ci-dessous expliquent leur signification :

X-!-Ψ		
X	**!**	**Ψ**
Joueur X	L'expression jouée par X est une formule qui doit être défendue.	L'expression jouée par **X** et qui, dans ce cas, correspond à une formule. S'il s'agit du début du dialogue, c'est la thèse.
O ou P		A, ¬A, A→B, A∨B, etc.

X-?-Ψ		
X	**?**	**Ψ**
Joueur X	L'expression jouée par X est une question.	L'expression jouée par X et qui, dans ce cas, correspond à une question.
O ou P		$\wedge_1$ (dans X-?-$\wedge_1$) $\wedge_2$ (dans X-?-$\wedge_2$) $\vee$ (dans X-?-$\vee$) **Pour la logique de premier ordre on ajoutera :** $\forall x/c$ (dans X-?-$\forall x/c$) $\exists \textbf{x}$ (dans X-?-$\exists$x)

De même pour **Y-?-Ψ** et pour **Y-!-Ψ** .

On tiendra compte du fait que les joueurs X et Y jouent en alternance.

- Pour la conjonction:

Type d'action ↓	$\wedge$	Explication :
Assertion	X-!-A∧B	Ici le joueur X asserte la conjonction A∧B et doit maintenant la défendre (!). Le joueur X affirme en fait qu'il a une justification pour chacun des conjoints. Comment l'attaquer ? Puisqu'il prétend avoir une justification pour chacun, c'est à celui qui attaque la conjonction de choisir le conjoint que le défenseur devra défendre : soit le premier conjoint (Y-?-∧₁), soit le second (Y-?-∧₂). La défense consiste justement à répondre (X-!-A) ou (X-!-B), respectivement.
Attaque L'attaque est une question	Y-?-∧₁ Y-?-∧₂	
Défense La défense est une assertion qui doit être défendue	X-!-A X-!-B	

- Pour la disjonction:

Type d'action ↓	$\vee$	Explication :
Assertion	X-!-A∨B	Ici le joueur X asserte la disjonction A∨B et doit maintenant la défendre (!). Le joueur X affirme en fait qu'il a une justification pour au moins un des deux disjoints. Comment l'attaquer ? On lui demande de justifier au moins un des deux (Y-?-∨) parmi A ou B. Mais cette fois c'est le défenseur qui choisit lequel il veut défendre : soit en justifiant le disjoint de gauche X-!-A, soit en justifiant le disjoint de droite X-!-B.
Attaque L'attaque est une question	Y-?-∨	
Défense La défense est une assertion qui doit être défendue	X-!-A ou X-!-B	

- Pour la conditionnelle :

Type d'action ↓	→	Explication :
Assertion	X-!-A→B	Ici le joueur X asserte la condition-nelle A→B et doit maintenant la dé-fendre. Comment l'attaquer ? L'unique manière de faire tomber une condi-tionnelle, c'est d'avoir une justification de l'antécédent mais pas du consé-quent. Pour cette raison le joueur Y concède l'antécédent Y-!-A, et alors X doit justifier le conséquent X-!-B, ou contre-attaquer sur A.
Attaque L'attaque est une asser-tion qui doit être dé-fendue	Y-!-A	
Défense La défense est une as-sertion qui doit être défendue	X-!-B	

- Pour la négation :

Type d'action ↓	¬	Explication :
Assertion	X-!-¬A	Le joueur X asserte la négation ¬A (!). Comment l'attaquer ? En affirmant tout le contraire, c'est-à-dire, en affirment A (Y-!-A). Pour cette attaque il n'y a pas de dé-fense possible. Mais il est possible de contre-attaquer A en fonction de son connecteur principal. En fait, le seul moyen d'attaquer ¬A, c'est de prendre à sa charge la preuve de A.
Attaque L'attaque est une assertion	Y-!-A	
Défense	Pas de dé-fense	

Cadre récapitulatif 1

		Assertion	Attaque	défense
i	∧	X-!-A∧B	Y-?-∧₁ Y-?-∧₂	X-!-A X-!-B
ii	∨	X-!-A∨B	Y-?-∨	X-!-A ou X-!-B
iii	→	X-!-A→B	Y-!-A	X-!-B
iv	¬	X-!-¬A	Y-!-A	Pas de défense

On rappelle une fois encore l'importance de la distinction entre défense et attaque d'une part, assertion et question d'autre part. Lorsqu'on fait une attaque, il peut s'agir soit d'une assertion qu'on doit défendre (indiquée par « -! - »), soit d'une question (indiquée par « -?- »). Le premier cas correspond à l'attaque d'une conditionnelle (voir *iii*) ou à l'attaque d'une négation (voir *iv*). En effet, dans ces deux cas, on attaque avec des formules : on attaque la conditionnelle en concédant son antécédent (une formule) ou bien on attaque une expression niée en concédant l'affirmative (une formule). Pour les autres connecteurs il s'agit de questions (voir *i*, *ii*).

Etat d'un dialogue

Dans ce qui suit, on va décrire la dynamique propre des dialogues à partir de la notion d' « état d'un dialogue ». Un état d'un dialogue est un doublet $<\varrho, \Phi>$ dans lequel :

- ϱ : rôle d'un joueur : soit attaquant (?), soit défenseur (!). Le joueur X ou Y peut attaquer avec une question (?) ou avec une assertion (!). Par contre, une défense est toujours une assertion.
- Φ : expression étiquetée qui correspond à l'état du dialogue et qui a l'une des formes suivantes: $P\text{-!-}\Psi$, $O\text{-!-}\Psi$, $P\text{-?-}\Psi$ et $O\text{-?-}\Psi$.

C'est au moyen des états d'un dialogue qu'on va montrer comment jouer relativement à une expression Ψ dont il s'agit dans le dialogue.

Un état d'un dialogue décrit un coup. Pour les explications qu'on donne ensuite, on a besoin de définir les termes suivants :

(Définition 1) Coup : résultat d'une action qui consiste à jouer soit la thèse, soit une attaque, soit une défense, de la part d'un des deux joueurs.

Remarque : Chacun des deux agents **O** et **P** jouent un coup chacun leur tour. Chaque coup, dans le dialogue, est numéroté (la thèse est numérotée 0, les coups pairs sont les coups de **P**, les coups impairs coups de **O**).

(Définition 2) Jeu : ensemble de coups.

(Définition 3) Ronde : jeu qui consiste en une attaque et la défense correspondante.

(Définition 4) Partie : dans un dialogue fini, ensemble des jeux qui commencent avec la thèse (tout partie est en jeu mais pas le contraire).

(Définition 5) Dialogue : ensemble de parties (le nombre des parties composantes est n+1 [n = nombre de ramifications]).

On va maintenant montrer comment les règles de particules, qui déterminent la sémantique locale, définissent la notion d'état de dialogue (encore non déterminé d'un point de vue structurel, global). Par la suite, on se servira des états de dialogues dans la définition des règles structurelles ainsi que pour apporter des explications aux exercices.

Explications des états d'un dialogue pour chaque particule

- Règle de particule pour la négation (**N**):

Le jeu commence avec l'assertion d'une expression niée, par exemple ¬A, par un joueur quelconque (X ou Y). Le jeu est composé de coups, qu'on appellera des coups Ni (c'est-à-dire N_1, N_2, etc.). Dans le premier coup, on ne s'intéresse pas à la question de savoir si joueur l'a assertée pour attaquer ou pour se défendre. On dit simplement qu'il a joué une négation et qu'il doit la défendre (il en sera de même pour les autres connecteurs).

$\Psi = \neg A$	Explications
Coup N_1 = < --, X-!-¬A>	Le joueur X joue la formule ¬A et doit maintenant la défendre (!)
Coup N_2 = <?, Y-!-A>	Le joueur Y l'attaque (?) avec A et doit maintenant la défendre (!).

- Règle de particule pour la conjonction (**C**):

Le jeu commence avec l'assertion d'une conjonction, par exemple A∧B, par un joueur quelconque (X ou Y).

$\Psi = A \wedge B$	Explications
Coup C_1 = <--, X-!-A∧B>	Le joueur X joue la conjonction A∧B et maintenant doit la défendre (!).
Coup C_2 = <?, Y-?-∧₁> et <?, Y-?-∧₂>	Le joueur Y l'attaque (?) en exigeant une justification soit pour le premier conjoint, soit pour le second.
Coup C_3 = < !, X-!-A> et < !, X-!-B>	X défend (!) la conjonction en justifiant le conjoint choisi par Y, A ou B.

- Règle de particule pour la disjonction (**D**):

Le jeu commence avec l'assertion d'une disjonction, par exemple A∨B, par un joueur quelconque (X ou Y).

Ψ= A∨B		Explications
Coup **D₁**=	< --, X-!-A∨B>	Le joueur X joue la formule A∨B et doit maintenant la défendre (!).
Coup **D₂**=	<?, Y-?-∨>	Le joueur Y l'attaque (?) en exigeant une justification pour au moins un des deux disjoints. Le joueur X choisit celui qu'il veut justifier.
Coup **D₃**=	< !, X-!-A> o bien < !, X-!-B>	Le joueur X se défend (!) en assertent A ou B, c'est-à-dire (X-!-A) ou (X-!-B). Quelle que soit la réponse, elle devra à son tour être défendue.

- Règle de particule pour la conditionnelle (**I**):

Le jeu commence avec l'assertion d'une conditionnelle, par exemple A→B, par un joueur quelconque (X ou Y).

Ψ= A→B	Explications
Coup **I₁**= < --, X-!-A→B>	Le joueur X joue la formule A→B et doit maintenant la défendre (!)
Coup **I₂**= <?, Y-!-A>	Le joueur Y l'attaque (?) en concédant l'antécédent A (qu'il devra être en mesure de défendre (!)).
Coup **I₃**= < !, X-!-B> o bien < ?, X-**coup 2**>	Le joueur X a deux possibilités : soit se défendre en répondant le conséquent (X-!-B) – qu'il devra alors défendre - soit contre-attaquer (?) l'antécédent A concédé par Y. Cette contre-attaque aura la forme du **coup 2** du jeu, laquelle forme dépendra du connecteur principal de A.

Cadre récapitulatif 2

Chaque coup que fait un joueur est *décrit* par un doublet appelé **état d'un dialogue**
état d'un dialogue : $<\varrho, \Phi>$
$\Phi = $ P-!-Ψ, O-!-Ψ, P-?-Ψ et O-?-Ψ
Ψ pour le premier coup : $\neg$A, A$\wedge$B, A$\vee$B, A$\rightarrow$B
Ψ pour le deuxième coup correspondant à N_2, C_2, etc.
L'expression **A** correspond à une formule quelconque.

Expressions	Dans le même ordre :
<**?**, **Y**-!-A>	<attaque, joueur **Y**-formule-A>
<**!**, **X**-!-B>	< défense, joueur **X**-formule-B>

Les états d'un dialogue donnent un moyen d'exprimer précisément le conte-nu de chaque coup. Maintenant, on va expliquer la signification des particu-les à l'intérieur de chaque dialogue, pour chaque joueur, **O** et **P**, et toujours à l'aide des états des dialogues. Ce sera également l'occasion d'introduire la notion de *ramification*.

Illustration des règles de particule et ramifications

Les dialogues se présentent dans un cadre avec deux colonnes principales, une pour chaque joueur. A gauche et à droite de chaque colonne on indique le numéro du coup de chacun relativement aux règles de particules.

Avant d'illustrer les règles de particule, on doit donner une définition préalable de la notion de ramification, définition sur laquelle on revient par la suite dans la règle structurelle (RS-2) :

(Définition 6) Ramification : On parle de ramification à chaque fois qu'un choix de **O** produit deux parties parallèles dans un dialogue. De telles ramifications se produisent quand **O** :
1. défend une disjonction (voir ramification pour D_3),
2. attaque une conjonction (voir ramification dans C_2),
3. répond à l'attaque d'un conditionnel (voir ramification dans I_3).

➢ Pour la négation on a deux cas :

1. si X=**P**

	O			**P**	
				$\neg A$	N_1
N_2	A				

On a ici :
$N_1 = <\text{--}, \textbf{P}\text{-!-}\neg A> \,;\, N_2 = <?, \textbf{O}\text{-!-}A>$

2. si X=**O**

	O			**P**	
N_1	$\neg A$				
				A	N_2

Et ici :
$N_1 = <\text{--}, \textbf{O}\text{-!-}\neg A> \,;\, N_2 = <?, \textbf{P}\text{-!-}A>$

➢ Pour la conjonction:

1. si X=P

	O			P	
				$A \wedge B$	C_1

Détails

$C_1=$	$<--, P\text{-!-}A \wedge B>$
$C_2=$	$<?, O\text{-?-}\wedge_1>$ Et $<?, O\text{-?-}\wedge_2>$
$C_3=$	$< !, P\text{-!-}A>$ Et $< !, P\text{-!-}B>$

➥ **Ramification 1**

	O		P	
			$A \wedge B$	C_1
C_2	$?\text{-}\wedge_1$		A	C_3

➥ **Ramification 2**

	O		P	
			$A \wedge B$	C_1
C_2	$?\text{-}\wedge_2$		B	C_3

Ramification en C_2 (**P** doit pouvoir gagner les deux cas)

2. si X=O

	O		P	
C_1	$A \wedge B$			
C_3	A		$?\text{-}\wedge_1$	C_2
Ou bien				
C_1	$A \wedge B$			
C_3'	B		$?\text{-}\wedge_2$	C_2'

Détails

$C_1=$	$<--, O\text{-!-}A \wedge B>$
$C_2=$	$<?, P\text{-?-}\wedge_1>$ Ou bien $<?, P\text{-?-}\wedge_2>$
$C_3=$	$< !, O\text{-!-}A>$ Ou bien $< !, O\text{-!-}B>$

Pas de ramification (**P** peut choisir C_2 ou C_2')

> ➤ Pour la disjonction :

1. pour X=**P**

	O			P	
				A∨B	D₁
D₂	?-∨			A	D₃
		Ou bien			
				A∨B	D₁
D₂	?-∨			B	D₃'

Détails

D₁=	<--, **O**-!-A∨B>
D₂=	<?, **O**-?-∨>
D₃=	< !, **P**-!-A>
	Ou bien
	< !, **P**-!-B>

Pas de ramification (**P** peut choisir D₃ ou D₃')

2. pour X=**O**

	O			P	
D₁	A∨B				
				?-∨	D₂

Détails

D₁=	<--, **O**-!-A∨B>
D₂=	<?, **P**-?-∨>
D₃=	< !, **O**-!-A>
	Et
	< !, **O**-!-B>

➡ **Ramification 1**

	O			P	
D₁	A∨B				
D₃	A			?-∨	D₂

➡ **Ramification 2**

	O			P	
D₁	A∨B				
D₃	B			?-∨	D₂

Ramification en D₃ (**P** doit pouvoir gagner les deux cas)

➢ Pour la conditionnelle:

1. X=P

O			P	
			A→B	I₁
I₂	A		B	I₃
Ou bien				
			A→B	I₁
I₂	A			
			attaque A avec coup 2	I₃'

	Détails
I₁=	< --, **P**-!-A→B>
I₂=	<?, **O**-!-A>
I₃=	< !, **P**-!-B>
	Ou bien
	<?, **P**-« coup 2 »>

Pas de ramification (**P** peut jouer I₃ ou I₃' et parfois jouer un et après l'autre)

2. X=O

	O			P	
I₁	A→B				
				A	I₂

I₁=	< --, **O**-!-A→B>
I₂=	<?, **P**-!-A>
I₃=	< !, **O**-!-B>
	Et
	<?, **O**-« coup 2 »>

Ramification 1

	O		P	
I₁	A→B			
I₃	B		A	I₂

Ramification 2

	O		P	
I₁	A→B			
			A	I₂
I₃	attaque A avec coup 2			

Rappel : « **coup 2** » signifie que le joueur attaque la formule A en fonction de son connecteur principal, c'est-à-dire, en fonction du coup 2 des règles de particules (D₂, I₂, … etc.).

Ramification dans I₃ (**P** doit pouvoir gagner les deux cas)

I.1.4 Règles structurelles

Les règles structurelles établissent l'organisation générale du dialogue. Le dialogue commence avec la thèse. Cette thèse est une expression jouée par le proposant qui doit la justifier, c'est-à-dire qu'il doit la défendre contre toutes les critiques (attaques) possibles de l'opposant. *Lorsque ce qui est en jeu est de tester s'il y a une preuve de la thèse*, les règles structurelles doivent fournir une méthode de décision. Les règles structurelles seront choisies de manière à ce que le proposant réussisse à défendre sa thèse contre toutes les critiques possibles de l'opposant si et seulement si la thèse est valide. En logique dialogique la notion de validité est en effet fondée sur l'existence d'une stratégie gagnante pour le proposant. On verra également que différents types de dialogues peuvent avoir différents types de règles structurelles.

On notera que les dialogues s'appuient sur l'hypothèse que chacun des joueurs suit toujours la meilleure stratégie possible. C'est-à-dire que les participants aux dialogues, **P** et **O**, sont en fait des agents idéalisés. Dans la vie réelle, il pourrait arriver que l'un des joueurs soit cognitivement limité au point d'adopter une stratégie qui le fasse échouer contre certaines ou contre toutes les séquences de coups joués par l'opposant même si une stratégie gagnante était disponible. Les agents idéalisés des dialogues ne sont donc pas limités et dire qu'ils « ont une stratégie » signifie qu'il existe, par un critère combinatoire, un certain type de fonction ; cela ne signifie pas que l'agent possède une stratégie dans quelque sens cognitif que ce soit.

Règles :

(**RS-0**) (*Début de partie*) : Les expressions d'un dialogue sont numérotées, et sont énoncées à tour de rôle par **P** et **O**. La thèse porte le numéro 0, et est assertée par **P**. Tous les coups suivant la thèse sont des réponses à un coup joué par un autre joueur, et obéissant aux règles de particule et aux autres règles structurelles. On appelle D(A) un dialogue qui commence avec la thèse A, les coups pairs sont des coups faits par **P**, les coups impairs sont faits par **O**.

(**RS-1** intuitionniste) (*Clôture de ronde intuitionniste*) A chaque coup, chaque joueur peut soit attaquer une formule complexe énoncée par l'autre joueur, soit se défendre *de la dernière attaque contre laquelle il ne s'est pas encore défendu*. On peut attendre avant de se défendre contre une attaque tant qu'il reste des attaques à jouer. Si c'est au tour de X de jouer le coup n, et que Y a joué deux attaques aux coups l et m (avec $l < m < n$), auxquelles X n'a pas encore répondu, X ne peut plus se défendre contre *l*. En bref, on peut se défendre seulement contre la dernière attaque non encore défendue.

Exemple : soit Y=**O** et X=**P**

	O		**P**	
l	Attaque		Sans réponse	
m	Attaque		Sans réponse	*n*
			Dans les coups qui suivent m, on ne peut se défendre que contre *m*, et pas contre *l*.	

(**RS-1** classique) (*Clôture de ronde classique*) A chaque coup, chaque joueur peut soit attaquer une formule complexe énoncée par l'autre joueur, soit se défendre contre *n'importe quelle* attaque de l'autre joueur (y compris celles auxquelles il a déjà répondu).

(**RS-2**) (*Ramification*) Si dans un jeu, c'est au tour de **O** de faire un choix propositionnel (c'est-à-dire lorsque **O** défend une disjonction, attaque une conjonction, ou répond à une attaque contre une conditionnelle), **O** engendre deux dialogues distincts. **O** peut passer du premier dialogue au second si et seulement s'il perd celui qu'il choisit en premier. Aucun autre coup ne génère de nouveau dialogue.

Eclaircissement : chaque ramification – scission en deux parties - dans un dialogue, doit être considérée comme le résultat d'un choix propositionnel fait par l'opposant. Il s'agit des choix effectués pour :

4. défendre une disjonction (voir ramification pour D_3)
5. attaquer une conjonction (voir ramification dans C_2)
6. répondre à l'attaque d'un conditionnel (voir ramification dans I_3)

Chacun de ces choix donne une nouvelle branche, c'est-à-dire, une nouvelle partie. Par contre, les choix du proposant ne génèrent pas de nouvelles branches.

Un dialogue sans ramification est en fait équivalent à une partie. Un dialogue avec une ramification est un dialogue composé de deux parties.

Cadre récapitulatif 3

Coup	Ramification comme réponses aux attaques suivantes :
$C_1=<\text{--}, \mathbf{P}\text{-!-}A\wedge B>$	$C_2=<?, \mathbf{O}\text{-?-}\wedge_1>$ et $C_2=<?, \mathbf{O}\text{-?-}\wedge_2>$
$D_1=<\text{--}, \mathbf{O}\text{-!-}A\vee B>$	$D_2=<?, \mathbf{P}\text{-?-}\vee>$
$I_1=< \text{--}, \mathbf{O}\text{-!-}A\rightarrow B>$ $I_2=<?, \mathbf{P}\text{-!-}A>$	$I_3=< !, \mathbf{O}\text{-!-}B>$ et $< ?, \mathbf{O}\text{-«~coup~2~»}>$

(**RS-3**) (*Usage formel des formules atomiques*) Le proposant ne peut introduire de formule atomique : toute formule atomique dans un dialogue doit d'abord être introduite par l'opposant. On ne peut pas attaquer les formules atomiques.

(**RS-4**) (*Gain de partie*) Un dialogue est *clos* si, et seulement si, il contient deux occurrences de la même formule atomique, respectivement étiquetées X et Y. Sinon le dialogue reste *ouvert*. Le joueur qui a énoncé la thèse gagne le dialogue si et seulement si le dialogue est clos. Un dialogue est terminé si et seulement s'il est clos, ou si les règles (structurelles et de particule) n'autorisent aucun autre coup. Le joueur qui a joué le rôle d'opposant a gagné le dialogue si et seulement si le dialogue est terminé et ouvert.

Terminé et clos : le proposant gagne
Terminé et ouverte : l'opposant gagne

Afin d'introduire la règle suivante, RS-5, on doit définir la notion de répétition :

(**Définition 7**) **Répétition stricte** d'une attaque / d'une défense :

a) On parle de **répétition stricte d'une attaque** si un coup est attaqué bien que le même coup ait été attaqué auparavant par la même attaque. (On notera que dans ce contexte, les choix de $?\text{-}\wedge_1$ et $?\text{-}\wedge_2$ sont des attaques différentes.)

b) On parle de **répétition stricte d'une défense**, si un coup d'attaque m_1, qui a déjà été défendu avec le coup défensif m_2 auparavant, est à nouveau défendu contre l'attaque m₁ avec le même coup défensif. (On notera que la partie gauche et celle de droite d'une disjonction sont dans ce contexte deux défenses différentes.)

(RS-5) *(Règle d'interdiction de répétitions à l'infini)* Cette règle a deux variantes, l'une classique et l'autre intuitionniste, chacune dépendant du type de règles structurelles avec lesquelles est engagé le dialogue.

(RS-5-classique) Les répétitions strictes ne sont pas autorisées.

(RS-5-intuitionniste) Si **O** a introduit une nouvelle formule atomique qui peut maintenant être utilisée par **P**, alors **P** peut exécuter une répétition d'attaque. Les répétitions strictes ne sont pas autorisées.

(Définition 8) Validité : On dit qu'une thèse A est dialogiquement valide (en classique ou intuitionniste) lorsque toutes les parties du dialogue D(A) sont closes.

I.1.5 Exercices

Cas 1: D ((p∧q)→p)	**Cas 11:** D (¬¬(p∨¬p))
Cas 2: D(p→(p∨q))	**Cas 12:** D (¬¬(¬¬p→p))
Cas 3: D(p∧¬p)	**Cas 13:** D([(p∨q)∧¬p]→q)
Cas 4: D((p∨q)→p)	**Cas 14:** D([(p→q)∧p]→q)
Cas 5: D((p∧q)→(q∧p))	**Cas 15** : D[(¬p→p)→p]
Cas 6: D(¬p→(p→q))	**Cas 16** : D([(p→q)∧¬q]→¬p)
Cas 7: D(p→(p∧q))	**Cas 17** : D[((p→q)→p)→p]
Cas 8: D(p∨¬p)	**Cas 18** : D[(p→(p→q))→(p→q)]
Cas 9: D(¬¬p→p)	**Cas 19**: D[(p→s)∨(s→p)]
Cas 10: D (p→¬¬p)	**Cas 20:** D[((p→s)∧(¬p→s))→s]

Explications : dans les colonnes *a* et *a'* sont placés les numéros qui correspondent à chaque coup. Dans b et b' figurent les coups de chaque joueur. Dans c et c', on met le numéro du coup attaqué.

Rappel : comme la logique intuitionniste est une restriction conservatrice de la logique classique, les formules valides dans la logique intuitionniste sont valides dans la logique classique (mais pas le contraire). On commencera donc toujours par jouer à partir de règles intuitionnistes ; si la thèse n'est pas valide, on passe aux règles classiques.

Les symboles ☺ et ☻ placés dans le dernier coup de la partie signifient que **P** gagne et que la thèse est valide. Si aucun de ces symboles n'apparaît, c'est que **O** gagne.

Le symbole ☺ correspond à une preuve intuitionniste, et dans ce cas la formule prouvée est également valide en classique.

Le symbole ☻ correspond à une preuve classique uniquement.

On attire l'attention sur le fait que dans les exemples qu'on traitera ici, on commencera toujours par chercher une preuve intuitionniste. Néanmoins, quand une preuve intuitionniste ne sera pas possible pour certaines formules, alors on présentera la preuve classique. On notera également que dans certains cas, des formules peuvent être valides en logique intuitionniste et en logique classique, mais que les processus de preuves peuvent être différents et faire usage de règles différentes (voir cas 11 ($\neg\neg(p \vee \neg p)$)). Dans ces cas, on exposera les deux preuves.

Cas 1 : $D((p \wedge q) \to p)$

(Dialogue pour la thèse $(p \wedge q) \to p$)

a	b	c	c'	b'	A'
	O			**P**	
				$(p \wedge q) \to p$	0
1	$p \wedge q$	0		p ☺	4
3	p		1	?-$\wedge_1$	2

Détail du dialogue :

Coup 0 : $I_1 =$ <- , **P**-!-$(p \wedge q) \to p$>
•   Le proposant (**P**) joue une implication et doit la justifier.
Coup 1 : $I_2 =$ <?, **O**-!-$(p \wedge q)$>
•   Commence ici un nouveau jeu équivalent à C_1 pour X=**O**.
•   L'opposant (**O**) l'attaque en concédant l'antécédent (il s'agit d'une conjonction, c'est-à-dire, C_1 pour (X=**O**) et demande ainsi à **P** de justifier le conséquent.
Coup 2 : $I_3 =$ <?, **P**-« coup 2 »> = <?, **P**-?-$\wedge_1$>
•   **P** ne peut pas se défendre directement en répondant « p » parce qu'il s'agit d'une formule atomique. Or, seul **O** a le droit de jouer une atomique. Pour que **P** puisse jouer une atomique, elle doit préalablement avoir été concédée par **O** (RS-3).
•   La stratégie à appliquer au coup 2 consiste donc à attaquer la conjonction asser-tée par au coup **O** afin de le forcer à concéder la formule atomique dont on a besoin, en l'occurrence p.
•   Le « coup 2 » correspond à C_2
Coup 3 : $C_3 =$ <!, **O**-!-p>
•   **O** répond à la question en justifiant « p » et **P** en profitera dans le coup suivant.
Coup 4 : $I_3 =$ <!, **P**-!-p>
•   **P** répond à l'attaque du coup 1 avec l'atomique « p » concédé par **O** dans le coup 3.
Résultat: **P** gagne la partie parce qu'elle est *terminée* : **O** ne peut prolonger la partie, et *close* : il apparaît le même littéral dans les coups 3 et 4.

Cas 2 : D(p→(p∨q))

	O				P	
					p→(p∨q)	0
1	p	0			p∨q	2
3	?-∨	2			p☺	4

Coup 0 : I_1=<- , **P**-!-p→(p∨q)>
Coup 1 : I_2=<?, **O**-!-p>
Coup 2 : I_3=<!, **P**-!-p∨q >
•   Commence ici un nouveau jeu équivalent à D_1 pour X=**P**
•   Ici, **P** se défend directement avec le conséquent puisqu'il ne s'agit pas d'une formule atomique, mais d'une formule complexe.
Coup 3 : D_2=<?, **O**-?-∨>
•   Comme la formule complexe est une disjonction, **O** l'attaque selon D_2.
Coup 4 : D_3=<!, **P**-!- p>
•   **P** peut se défendre avec le littéral « p » (atomique) parce que **O** l'avait déjà joué dans le coup 1. Il ne peut pas jouer « q » qui n'a pas été concédé.
Résultat: **P** gagne la partie parce qu'elle est *terminée* : **O** ne peut prolonger la partie ; et *close* : il apparaît le même littéral dans les coups 1 et 4.

Cas 3 : D(p∧¬p)

	O				P	
					p∧¬p	0
1	?-∧₁	0				

Coup 0 : C_1=<- , **P**-!-p∧¬p >
Coup 1 : C_2=<?, **O**-?-∧₁>
•   Le proposant ne peut pas répondre parce qu'il lui est interdit de jouer une atomique lorsqu'elle n'a pas été préalablement concédée par **O**.
•   Résultat: Le dialogue est terminé mais ouvert (l'attaque 1 est laissée sans réponse), l'opposant gagne.

Cas 4 : $D((p\lor q)\to p)$

O				P	
				$(p\lor q)\to p$	0
1	$p\lor q$	0			
			1	?-∨	2

➡ **Ramification 1**

O				P	
				$(p\lor q)\to p$	0
1	$p\lor q$	0			
3	q		1	?-∨	2

➡ **Ramification 2**

O				P	
				$(p\lor q)\to p$	0
1	$p\lor q$	0		p ☺	4
3	p		1	?-∨	2

Coup 0 : $I_1 = <-, \textbf{P}\text{-!-} (p\lor q)\to p >$
Coup 1 : $I_2 = <?, \textbf{O}\text{-!-}p\lor q>$
•   Commence ici un nouveau jeu équivalent à D_1 pour X=**O**
Coup 2 : $D_2 = <?, \textbf{P}\text{-?-}\lor>$
•   Ici, **P** ne peut pas répondre avec le conséquent – qui est atomique - et décide donc de contre-attaquer sur la disjonction jouée **O**.
Ramification : le proposant doit pouvoir gagner avec toutes les possibilités stratégiques de l'opposant (c'est-à-dire, dans toutes les branches).

Ramification 1 :	Ramification 2 :
Coup 3 : $D_3 = <!, \textbf{O}\text{-!-}q>$	Coup 3 : $D_3 = <!, \textbf{O}\text{-!-}p>$
	Coup 4 : $I_3 : <!, \textbf{P}\text{-!-}p>$

La partie est terminée mais ouverte (voir ramification 1): l'Opposant gagne.

On notera qu'en général, étant donné qu'une seule branche où O gagne suffit pour réfuter la thèse, seule cette branche où O gagne suffit à l'exposé dialogique de la preuve.

Cas 5 : $D((p \wedge q) \to (q \wedge p))$

	O			P	
				$(p \wedge q) \to (q \wedge p)$	0
1	$p \wedge q$	0		$q \wedge p$	2
3	$?\text{-}\wedge_1$	2		q	6
5	q		1	$?\text{-}\wedge_2$	4
7	$?\text{-}\wedge_2$	2		p ☺	10
9	p		1	$?\text{-}\wedge_1$	8

Coup 0 : $I_1 = <\text{-} , \textbf{P}\text{-}!\text{-}(p \wedge q) \to (q \wedge p)>$
Coup 1 : $I_2 = <?, \textbf{O}\text{-}!\text{-}p \wedge q>$ •   Commence ici un nouveau jeu équivalent à C_1 pour X=**O**.
Coup 2 : $I_3 = <!, \textbf{P}\text{-}!\text{-}q \wedge p>$ •   Commence ici un nouveau jeu équivalent à C_1 pour X=**P**.   •   Ici le proposant peut répondre parce que le conséquent n'est pas atomique, mais il devra défendre la conjonction qu'il asserte.
Coup 3 : $C_2 = <?, \textbf{O}\text{-}?\text{-}\wedge_1>$ •   Au coup 1, comme au coup 2 on a commencé deux nouveaux jeux. Ici **O** décide d'attaquer la conjonction selon C_2.
Coup 4 : $C_2 = <?, \textbf{P}\text{-}?\text{-}\wedge_2>$ •   Comme **P** ne peut jouer une formule atomique si elle n'a pas été préalablement concédée par **O**, il attaque la conjonction en forçant **O** à jouer la formule q dont il a besoin.
Coup 5 : $C_3 = <!, \textbf{O}\text{-}!\text{-}q>$ •   **O** répond à l'attaque.
Coup 6 : $C_3 = <!, \textbf{P}\text{-}!\text{-}q>$ •   **P** répond à l'attaque du coup 3 avec la proposition que **O** vient de lui concéder au coup 5.
Coup 7 : $C_2 = <?, \textbf{O}\text{-}?\text{-}\wedge_2>$
Coup 8 : $C_2 = <?, \textbf{P}\text{-}?\text{-}\wedge_1>$
Coup 9 : $C_3 = <!, \textbf{O}\text{-}!\text{-}p>$
Coup 10 : $C_3 = <!, \textbf{P}\text{-}!\text{-}p>$ •   Ces quatre derniers coups répètent la série antérieure, mais pour la proposition p.
Le proposant gagne : le dialogue est terminé (**O** ne peut pas prolonger la partie) et *clos* (apparaît la même formule atomique dans les coups 9 et 10).

Cas 6 : D($\neg p \rightarrow (p \rightarrow q)$)

	O			P	
				$\neg p \rightarrow (p \rightarrow q)$	0
1	$\neg p$	0		$p \rightarrow q$	2
3	p	2			
	-		1	p ☺	4

Coup 0 : I_1=<- , **P**-!-($\neg p \rightarrow (p \rightarrow q)$)>
Coup 1 : I_2=<?, **O**-!-$\neg p$>
• **O** attaque l'implication en concédant l'antécédent.
• Commence ici un nouveau jeu équivalent à N_1 pour X=**O**.
Coup 2 : I_3=< !, **P**-!-$p \rightarrow q$ >
• Commence un nouveau jeu équivalent à I_1 pour X=**P**
Ici le proposant peut se défendre directement parce que le conséquent n'est pas atomique.
Coup 3 : I_2=<?, **O**-!-p>
• On a ici, encore une fois, I_2 puisque **O** attaque à nouveau une implication, jouée au coup 2.
Coup 4 : N_2=<?, **O**-!-p>
• Ici **P** profite du résultat du coup 3 pour attaquer la négation jouée par **O** au coup 1.
Le proposant gagne: dialogue terminé et clos: les mêmes formules atomiques apparaissent dans les coups 3 et 4.

Cas 7 : D($p \rightarrow (p \wedge q)$)

	O			P	
				$p \rightarrow (p \wedge q)$	0
1	p	0		$p \wedge q$	2
3	?-$\wedge_2$	2			

Coup 0 : I_1=<- , **P**-!-$p \rightarrow (p \wedge q)$>
Coup 1 : I_2=<?, **O**-!-p>
Coup 2 : I_3=< !, **P**-!-$p \wedge q$ >
• Commence ici un nouveau jeu équivalent à C_1 pour X=**P**
Ici le proposant peut se défendre directement parce que le conséquent n'est pas atomique.

Coup 3 : C₂=<?, **O**-?-∧₂>
• La stratégie de **O** consiste ici à exiger la justification du deuxième conjoint pour que **P** ne puisse pas répondre (puisque q est atomique est qu'elle n'a pas été concédée).
Le dialogue est terminé mais ouvert, donc l'opposant gagne.

Cas 8 : D(p∨¬p) (Tiers Exclu)

	O			**P**	
				p∨¬p	0
1	?-∨	0		¬p / p ☻	2/2'
3	p	2			

Coup 0: D₁=<- , **P**-!-p∨¬p>
Coup 1: D₂=<?, **O**-?-∨>
Coup 2: D₃=<!, **P**-!- ¬p>   Commence ici un nouveau jeu équivalent à N₁ pour X=**P**
Coup 3: N₂=<?, **O**-!-p>   Avec les règles intuitionnistes ((**RS-1** intuitionniste) + (RS-5)) le dialogue s'arrête ici et **O** gagne (la formule n'est pas valide en logique intuitionniste).
En logique classique on peut répéter une défense lorsqu'il s'agit d'une nouvelle formule (ce n'est pas une répétition stricte)   coup 2': D₃=<!, **P**-!- p>   Le proposant gagne, donc la thèse est valide dans logique classique.

Cas 9 : D(¬¬p→p)

	O			**P**	
				¬¬p→p	0
1	¬¬p	0		p ☻	4
	-		1	¬p	2
3	p	2		-	

Coup 0 : I₁=<- , **P**-!-¬¬p→p>
Coup 1 : I₂=<?, **O**-!-¬¬p>   Commence ici un nouveau jeu équivalent à N₁ pour X=**O**
Coup 2 : N₂=<?, **P**-!-¬p>   Commence ici un nouveau jeu équivalent à N₁ pour X=**P**
Coup 3 : N₂=<?, **O**-!-p>

Avec les règles intuitionnistes ((**RS-1** intuitionniste)+ (RS-5)) le dialogue s'arrête ici et **O** gagne. **P** a le droit de répondre seulement à la dernière attaque et le coup 1 est l'avant dernière (la formule n'est pas valide en intuitionniste).

En logique classique **P** peut répondre à n'importe quelle attaque antérieure.

Coup 4 : I_3=<!, **P**-!-p>   **P** gagne, donc la formule est valide.

Cas 10 : $D(p \rightarrow \neg\neg p)$

	O			P	
				$p \rightarrow \neg\neg p$	0
1	p	0		$\neg\neg p$	2
3	$\neg p$	2		-	
	-		3	p☺	4

Coup 0 : I_1=<- , **P**-!-$p \rightarrow \neg\neg p$>
Coup 1 : I_2=<?, **O**-!-p>
Coup 2 : I_3=<!, **P**-!-$\neg\neg p$> Commence ici un nouveau jeu équivalent à N_1 pour X=**P**
Coup 3 : N_2=<?, **O**-!-$\neg p$> Commence ici un nouveau jeu équivalent à N_1 pour X=**O**
Coup 4 : N_2=<?, **P**-!-p>
Le proposant gagne: dialogue terminé et clos : on a les mêmes atomiques dans les coups 1 et 4.

Cas 11 : $D(\neg\neg(p \vee \neg p))$

	O			P	
				$\neg\neg(p \vee \neg p)$	0
1	$\neg(p \vee \neg p)$	0		-	
	-		1	$p \vee \neg p$	2
3	?-∨	2		$\neg p$	4
5	p	4		-	
			1	$p \vee \neg p$	6
7	?-∨	6		p ☺	8

Coup 0 : N_1=<- , **P**-!-$\neg\neg(p \vee \neg p)$>
Coup 1 : N_2=<?, **O**-!-$\neg(p \vee \neg p)$> Commence ici un nouveau jeu équivalent à N_1 pour X=**O**

Coup 2 : N_2=<?, **P**-!-(p∨¬p)> Commence ici un nouveau jeu équivalent à D_1 pour X= **P**	

Coup 3 : D_2=<?, **O**-?-∨>

Coup 4 : D_3=<!, **P**-!-¬p>
Commence ici un nouveau jeu équivalent à N_1 pour X=**P**

Coup 5 : N_2=<?, **O**-!-p>

Coup 6 : N_2=<?, **P**-!-(p∨¬p)>
Commence ici un nouveau jeu équivalent à D_1 pour X= **P**
Plus particulièrement, on doit ici tenir compte de la règle RS-5-b, c'est-à-dire que, comme il y a une nouvelle information ou concession (atomique) faite par **O** au Coup 5, **P** peut répéter une attaque sans quitter la logique intuitionniste.

Coup 7 : D_2=<?, **O**-?-∨>

Coup 8 : D_3=<!, **P**-!-p>

Le proposant gagne: le dialogue est terminé et clos : on a les mêmes atomiques dans les coups 5 et 8. La formule est valide en logique intuitionniste et donc en logique classique.

Remarque : Le dialogue ci-dessus est une preuve intuitionniste de la validité de la thèse. Si une formule est valide en logique intuitionniste, elle est valide en logique classique. Mais, au coup 6, on fait ici usage de la règle (**RS-5-intuitionniste**) qui permet à **P** de répéter une attaque si **O** a concédé une formule atomique dont **P** a besoin. Cependant, ce coup n'est pas possible en logique classique où aucune répétition stricte n'est autorisée (**RS-5-classique**). Ainsi, si la preuve ci-dessus est une preuve intuitionniste, la procédure ne peut être la même en classique. En fait, pour obtenir une preuve selon les règles de classique, il suffit que **P** répète sa défense du coup 4, optant ainsi pour la même stratégie que dans le cas du Tiers Exclus (voir cas 8) :

	O			**P**	
				¬¬(p∨¬p)	0
1	¬(p∨¬p)	0		-	
	-		1	p∨¬p	2
3	?-∨	2		¬p/p ☺	4/4'
5	p	4		-	

Coup 0 : N_1=<- , **P**-!-¬¬(p∨¬p)>

Coup 1 : N_2=<?, **O**-!-¬(p∨¬p)>
Commence ici un nouveau jeu équivalent à N_1 pour X=**O**

Coup 2 : N_2=<?, **P**-!-(p∨¬p)>

Commence ici un nouveau jeu équivalent à D_1 pour X= **P**
Coup 3 : D_2=<?, **O**-?-∨>
Coup 4 : D_3=<!, **P**-!-¬p> Commence ici un nouveau jeu équivalent à N_1 pour X=**P**
Coup 5 : N_2=<?, **O**-!-p>
Coup 4' : D_3=<!, **P**-!-p>

Cas 12 : $D(¬¬(¬¬p→p))$

	O				P	
					¬¬(¬¬p→p)	0
1	¬(¬¬p→p)	0				
				1	¬¬p→p	2
3	¬¬p	2				
				3	¬p	4
5	p	4				
				1	¬¬p→p	6
7	¬¬p	6			p ☺	8

Coup 0 : N_1=<- , **P**-!-¬¬(¬¬p→p)>
Coup 1 : N_2=<?, **O**-!-¬(¬¬p→p)> Commence ici un nouveau jeu équivalent à N_1 pour X=**O**
Coup 2 : N_2=<?, **P**-!-(¬¬p→p)> Commence ici un nouveau jeu équivalent à I_1 pour X=**P**
Coup 3 : I_2=<?, **O**-!-¬¬p> Commence ici un nouveau jeu équivalent à N_1 pour X=**O**
Coup 4 : N_2=<?, **P**-!-¬p> Commence ici un nouveau jeu équivalent à N_1 pour X=**P**
Coup 5 : N_2=<?, **O**-!-p>
Coup 6 : N_2=<?, **P**-!-(¬¬p→p)> Commence ici un nouveau jeu équivalent à I_1 pour X=**P** De nouveau, on doit ici tenir compte de la règle RS-5-b, c'est-à-dire que, comme il y a une nouvelle information ou concession (atomique) faite par **O** au coup 5, **P** peut répéter une attaque sans quitter la logique intuitionniste.
Coup 7 : I_2=<?, **O**-!-¬¬p> Commence ici un nouveau jeu équivalent à N_1 pour X=**O**
Coup 8 : I_3=<!, **P**-!-p>
Le proposant gagne: le dialogue est terminé et clos : les mêmes atomiques dans les coups 5 et 8. La formule est valide en logique intuitionniste et donc en logique classique.

Remarque : On a ici un cas similaire au cas 11, c'est-à-dire que si la formule est validée en logique intuitionniste comme en logique classique, le processus de la preuve est différent. Le coup est permis par la règle (**RS-5**$_{\text{intuitionniste}}$) puisque **O** a concédé une formule atomique dont **P** peut maintenant se servir. Par contre, ce coup n'est pas autorisé par la règle ((**RS-1** $_{\text{classique}}$)). En logique classique, **P** peut néanmoins se défendre d'une autre attaque que la dernière non encore défendue, et peut donc répondre à l'attaque du coup 3 en 6. La preuve en logique dialogique classique est comme suit :

	O			**P**	
				$\neg\neg(\neg\neg p \to p)$	0
1	$\neg(\neg\neg p \to p)$	0		-	
	-		1	$\neg\neg p \to p$	2
3	$\neg\neg p$	2		p ☺	6
	-		3	$\neg p$	4
5	p	4		-	

Coup 0 : $N_1 = <-$, **P**-!-$\neg\neg(\neg\neg p \to p)$>
Coup 1 : $N_2 = <?$, **O**-!-$\neg(\neg\neg p \to p)$> Commence ici un nouveau jeu équivalent à N_1 pour X=**O**
Coup 2 : $N_2 = <?$, **P**-!-$(\neg\neg p \to p)$> Commence ici un nouveau jeu équivalent à I_1 pour X=**P**
Coup 3 : $I_2 = <?$, **O**-!-$\neg\neg p$> Commence ici un nouveau jeu équivalent à N_1 pour X=**O**
Coup 4 : $N_2 = <?$, **P**-!-$\neg p$> Commence ici un nouveau jeu équivalent à N_1 pour X=**P**
Coup 5 : $N_2 = <?$, **O**-!-p>
Coup 6 : $N_2 = < !$, **P**-!-p>

Cas 13 : D([(p∨q)∧¬p]→q) (Syllogisme disjonctif)

	O			P	
				[(p∨q)∧¬p]→q	0
1	[(p∨q)∧¬p]	0			
3	¬p	1		?-∧$_2$	2
5	p∨q	1		?-∧$_1$	4
7	p	5		?-∨	6
			3	p☺	8

Ramification 1

	O			P	
				[(p∨q)∧¬p]→q	0
1	[(p∨q)∧¬p]	0			
3	¬p	1		?-∧$_2$	2
5	P∨q	1		?-∧$_1$	4
7	p	5		?-∨	6
			3	p☺	8

Ramification 2

	O			P	
				[(p∨q)∧¬p]→q	0
1	[(p∨q)∧¬p]	0		q☺	8
3	¬p	1		?-∧$_2$	2
5	p∨q	1		?-∧$_1$	4
7	q	5		?-∨	6

Coup 0 : I$_1$=<- , **P**-!-[(p∨q)∧¬p]→q>
Coup 1 : I$_2$=<?, **O**-¡-[(p∨q)∧¬p]>   Commence ici un nouveau jeu équivalent à C$_1$ pour X=**O**
Coup 2 : C$_2$=<?, **P**-?-∧$_D$>
Coup 3 : C$_3$=<!, **O**-!-¬p>   Commence ici un nouveau jeu équivalent à N$_1$ pour X=**O**
Coup 4 : C$_2$=<?, **P**-?-∧$_1$>
Coup 5 : C$_3$=<!, **O**-!-p∨q>   Commence ici un nouveau jeu équivalent à D$_1$ pour X=**O**
Coup 6 : D$_2$=<?, **P**-?-∨>

Ramification 1	Ramification 2
Coup 7: D_3=<!, **O**-!-p>	Coup 7: D_3=<!, **O**-!-q>
Coup 8: N_2=<?, **P**-!-p> ☺	Coup 8: I_3=< !, **P**-!-q> ☺

Cas 14 : D([(p→q)∧p]→q)

	O			P	
				[(p→q)∧p]→q	0
1	[(p→q)∧p]	0		q ☺	8
3	P	1		?-∧$_2$	2
5	p→q	1		?-∧$_1$	4
7	q		5	p	6

Coup 0 : I_1=<- , **P**-!-[(p→q)∧p]→q>
Coup 1 : I_2=<?, **O**-!-[(p→q)∧p]>   Commence ici un nouveau jeu équivalent à C_1 pour X=**O**
Coup 2 : C_2=<?, **P**-?-∧$_2$>
Coup 3 : C_3=<!, **O**-!-p>
Coup 4 : C_2=<?, **P**-?-∧$_1$>
Coup 5 : C_3=<!, **O**-!-p→q>   Commence ici un nouveau jeu équivalent à I_1 pour X=**O**
Coup 6 : I_2=<?, **P**-!-p>

Ramification 1	Ramification 2
Coup 7 : I_3=<!, **O**-!-q>	La ramification est nulle parce qu'**O** ne peut pas attaquer l'atomique du coup 8 et est contraint de concéder le conséquent suivant la ramification 1.
Coup 8 : I_3=<!, **P**-!-q> ☺	

Cas 15 : D[(¬p→p)→p]

	O				P	
					(¬p→p)→p	0
1	¬p→p	0			p ☻	4
			1		¬p	2
3	p	2				

Coup 0 : I₁=<- , **P**-!-(¬p→p)→p>
Coup 1 : I₂=<?, **O**-!-(¬p→p)>   Commence ici un nouveau jeu équivalent à I₁ pour X=**O**
Coup 2 : I₂=<?, **P**- !- ¬p>   Commence ici un nouveau jeu équivalent à N₁ pour X=**P**
Coup 3 : N₂=< ?, **O**-!-p>
Coup 4 : I₃=< !, **P**-!-p>

Cas 16 : D([(p→q)∧¬q]→¬p)

	O				P	
					[(p→q)∧¬q]→¬p	0
1	[(p→q)∧¬q]	0			¬p	2
3	P	2				
5	¬q		1		?-∧₂	4
7	p→q		1		?-∧₁	6
9	q		7		p	8
			5		q ☺	10

Coup 0 : I₁=<- , **P**-!-[(p→q)∧¬q]→¬p>
Coup 1 : I₂=<?, **O**-!-[(p→q)∧¬q]>   Commence ici un nouveau jeu équivalent à C₁ pour X=**O**
Coup 2 : I₃=<!, **P**-!-¬p>   Commence ici un nouveau jeu équivalent à N₁ pour X=**P**
Coup 3 : N₂=<?, **O**-!-p>
Coup 4 : C₂=<?, **P**-?-∧_D>
Coup 5 : C₃=<!, **O**-!-¬q >   Commence ici un nouveau jeu équivalent à N₁ pour X=**O**
Coup 6 : C₂=<?, **P**-?-∧_I>
Coup 7 : C₃=<!, **O**-!-p→q>

Commence ici un nouveau jeu équivalent à I₁ pour X=O	
Coup 8 : I_2=<?, **P**-!-p>	
Ramification 1	**Ramification 2**
Coup 9 : I_3=<!, **O**-!-q>	La ramification est nulle parce que **O** ne peut pas attaquer l'atomique du coup 8.
Coup 10 : N_2=<?, **P**-!-q> ☺	

Cas 17 : D[((p→q)→p)→p] (Loi de Peirce)

	O				P	
					((p→q)→p)→p	0
1	((p→q)→p)	0				
				1	(p→q)	2

➡

Ramification 1

	O				P	
					((p→q)→p)→p	0
1	((p→q)→p)	0			p ☻	4
				1	(p→q)	2
3	p	2				

➡

Ramification 2

	O				P	
					((p→q)→p)→p	0
1	((p→q)→p)	0			p ☻	4
3	p	2		1	(p→q)	2

Coup 0 : I_1=<- , **P**-!-((p→q)→p)→p >	
Coup 1 : I_2=<?, **O**-!-((p→q)→p)> Commence ici un nouveau jeu équivalent à I₁ pour X=**O**	
Coup 2 : I_2=<!, **P**-!-((p→q)> Commence ici un nouveau jeu équivalent à I₁ pour X=**P**	
Ramification 1	**Ramification 2**
Coup 3 : I_2=<?, **O**-!-p>	Coup 3 : I_3=< !, **O**-!-p>
Coup 4 : I_3=< !, **P**- !-p> ☻	Coup 4 : I_3=< !, **P**- !-p> ☻

Cas 18 : $D[(p{\to}(p{\to}q)){\to}(p{\to}q)]$

	O				P	
					$(p{\to}(p{\to}q)){\to}(p{\to}q)$	0
1	$(p{\to}(p{\to}q))$	0			$(p{\to}q)$	2
3	p	2			q☺	8
5	$p{\to}q$		1		p	4
7	q		5		p	6

Coup 0 : I_1=<- , **P**-!-$(p{\to}(p{\to}q)){\to}(p{\to}q)$>
Coup 1 : I_2=<?, **O**-!-$(p{\to}(p{\to}q))$> Commence ici un nouveau jeu équivalent à I_1 pour X=**O**
Coup 2 : I_3=<!, **P**-!-$(p{\to}q)$> Commence ici un nouveau jeu équivalent à I_1 pour X=**P**
Coup 3 : I_2=<?, **O**- !-p>
Coup 4 : I_2=<?, **P**- !-p> attaque sur le coup 1
Coup 5 : I_3=<!, **O**- !-$p{\to}q$>
Coup 6 : I_2=<?, **P**- !-p> attaque sur le coup 5
Coup 7 : I_3=<!, **O**- !- q>
Coup 8 : I_3=<!, **P**- !- q>

Cas 19 : $D[(p{\to}s)\vee(s{\to}p)]$

	O				P	
					$(p{\to}s)\vee(s{\to}p)$	0
1	?-$\vee$	0			$p{\to}s$	2
3	p	2			s ●	6
					$s{\to}p$	4
5	s	4				

Coup 0 : D_1=<- , **P**-!-$(p{\to}s)\vee(s{\to}p)$>
Coup 1 : D_2=<?, **O**-?-$\vee$>
Coup 2 : D_3=<!, **P**-!-$(p{\to}s)$> Commence ici un nouveau jeu équivalent à I_1 pour X=**P**
Coup 3 : I_2=<?, **O**- !-p> En logique intuitionniste, le dialogue s'arrête ici et **O** gagne.
Coup 4 : D_3=<!, **P**-!-$(s{\to}p)$> En logique classique, **P** réitère sa défense contre le contre 1.

Commence ici un nouveau jeu équivalent à I_1 pour X=**P**
Coup 5 : I_2=<?, **O**- !-s>
Coup 6 : I_3=<!, **P**- !- s>

Cas 20 : $D[((p{\to}s)\wedge(\neg p{\to}s)){\to}s]$

	O			**P**	
				$((p{\to}s)\wedge(\neg p{\to}s)){\to}s$	0
1	$(p{\to}s)\wedge(\neg p{\to}s)$	0		s ☺	10
3	$p{\to}s$		1	$?{-}\wedge_1$	2
5	$\neg p{\to}s$		1	$?{-}\wedge_2$	4
			5	$\neg p$	6
7	p	6			
9	s		3	p	8

Coup 0 : I_1=<- , **P**-!-$((p{\to}s)\wedge(\neg p{\to}s)){\to}s$>
Coup 1 : I_2=<?, **O**-$(p{\to}s)\wedge(\neg p{\to}s)$> Commence ici un nouveau jeu équivalent à C_1 pour X=**O**
Coup 2 : C_2=<?, **P**-?-$\wedge_1$>
Coup 3 : C_3=<!, **O**- !- $p{\to}s$> Commence ici un nouveau jeu équivalent à I_1 pour X=**O**
Coup 4 : C_2: =<?, **P**-?-$\wedge_2$>
Coup 5 : C_3=<!, **O**- !- $\neg p{\to}s$> Commence ici un nouveau jeu équivalent à I_1 pour X=**O**
Coup 6 : I_2=<?, **P**-!- $\neg p$> Commence ici un nouveau jeu équivalent à N_1 pour X=**P**
Coup 7 : =<?, **O**- !-p>
Coup 8 : I_2=<?, **P**-!- p>
Coup 9 : I_3=<!, **O**-!- s>
Coup 10 : I_3=<!, **P**-!- s>

I.2. Logique dialogique de premier ordre

I.2.1 Langage pour la logique de premier ordre (LPO)

Un langage **L** pour la logique de premier ordre est défini à l'aide d'un ensemble **Const** de constantes individuelles c_0, c_1..., un ensemble de symboles de relations (ou constantes de prédicats) P, Q,..., d'arités différentes, d'un ensemble infini **Var** de variables individuelles x, y, ..., (on se réfère aux variables et aux constantes individuelles comme des *termes singuliers*, c'est-à-dire, **Termes singuliers = Var ∪ Con.**), le quantificateur existentiel (∃x) et le quantificateur universel (∀x), les parenthèses et les connecteurs logiques habituels. A partir de là, on définit une formule pour **L** comme suit :

(i)   Si A est une lettre de prédicat n-aire dans le vocabulaire de **L**, que chacun des t_1,..., t_n est un terme singulier dans le vocabulaire de **L**, alors At_1, ..., t_n est une formule dans **L**.

(ii)   Si Ψ est une formule, alors $\neg\Psi$ est une formule.

(iii)   Si Φ et Ψ sont des formules, alors $(\Phi \land \Psi)$, $(\Phi \lor \Psi)$, $(\Phi \to \Psi)$ sont des formules.

(iv)   Si Φ est une formule dans **L** et x une variable, alors $\exists x\Phi$ et $\forall x\Phi$ sont des formules dans **L**.

(v)   Seul ce qui peut être généré par les clauses (i) à (iv) dans un nombre fini de pas est une formule dans **L**.

I.2.2 Langage pour la logique dialogique de premier ordre

Un langage pour la logique dialogique de premier ordre $\mathbf{L_D}$ s'obtient à partir du langage **L** de la logique de premier ordre (**LPO**) et en ajoutant des symboles métalogiques. On introduit les symboles spéciaux **?** et **!**. Les expressions de $\mathbf{L_D}$ réfèrent soit à une expression de **L**, soit à un des expressions suivantes :

$$1, 2, \forall x/c, \exists x/c$$

Où x est une variable quelconque et c une constante quelconque. En plus des expressions et des symboles, pour $\mathbf{L_D}$ on dispose aussi des étiquettes **O** et **P** pour les participants du dialogue.

Tout comme en dialogique propositionnelle, les dialogues se déroulent en suivant deux types de règles : les règles de particule et les règles structurelles.

I.2.3 Règles de particule

• Pour le quantificateur universel :

Type d'action ↓	∀	Explication :
Assertion	X-!-∀xA	Ici, le joueur X asserte la formule quantifiée universellement ∀xA et doit maintenant la
Attaque L'attaque est une question	Y-?-∀x/c	défendre (!). Le joueur X affirme en fait qu'il peut justifier que tous les individus du domaine ont la propriété A. Comment
Défense la défense est une assertion	X-!-A[x/c]	l'attaquer ? Précisément, s'il dit que tous les individus sont concernés, alors c'est à l'attaquant, Y, de choisir l'individu pour lequel il doit faire sa justification. On lui demande ainsi de justifier son assertion pour l'individu c : (Y-?-∀x/c). La défense, pour X, consiste à donner cette justification. que l'individu désigné par c a la propriété A : (X-!-A[x/c]).

• Pour le quantificateur existentiel :

Type d'action ↓	∃	Explication :
Assertion	X-!-∃xA	Ici, le joueur X asserte la formule quantifiée existentiellement ∃xA et doit maintenant la défendre
Attaque L'attaque est une question	Y-?-∃x	(!). Le joueur X affirme en fait qu'il peut justifier qu'il y a au moins un individu qui a la propriété A. Comment l'attaquer ? On lui demande de jus-
Défense La défense est une assertion	X-!-A[x/c]	tifier son assertion pour au moins un individu : (Y-?-∃x). Mais cette fois c'est à lui de choisir l'individu c. La défense, pour X, consiste à justifier que c a la propriété A : (X-!-A[x/c]). Cette défense est une assertion qui doit être défendu par X.

Cadre récapitulatif 4

		Assertion	Attaque	Défense
i	$\wedge$	X-!-A$\wedge$B	Y-?-$\wedge_1$ Y-?-$\wedge_2$	X-!-A X-!-B
ii	$\vee$	X-!-A$\vee$B	Y-?-$\vee$	X-!-A ou X-!-B
iii	$\rightarrow$	X-!-A$\rightarrow$B	Y-!-A	X-!-B
iv	$\neg$	X-!-$\neg$A	Y-!-A	Il n'y a pas
v	$\forall$	X-!-$\forall$Xa	Y-?-$\forall x/c$ Le choix est pour Y	X-!-A$[x/c]$
vi	$\exists$	X-!-$\exists$xA	Y-?-$\exists$x	X-!-A$[x/c]$ Le choix est pour X

Explications des états d'un dialogue pour chaque particule

• Règle de particule pour le quantificateur universel :
Le jeu commence avec l'assertion par un joueur d'une expression quantifiée universellement, c'est-à-dire, $\forall$xA.

$\Psi = \forall$xA	Explications
Coup $U_1=$ < --, X-!-$\forall$xA>	Le joueur X joue la formule $\forall$xA et doit maintenant la défendre (!).
Coup $U_2=$ <?, Y-?-$\forall x/c$>	Le joueur Y l'attaque (?) en demandant qu'il justifie son assertion (question : ?) pour l'individu désigné par la constante individuelle c. C'est Y qui choisit la constante individuelle.
Coup $U_3=$ <!, X-!-A$[x/c]$>	Le joueur X se défend (!) en justifiant que le prédicat A s'applique à l'individu désigné par c : C'est-à-dire A$[x/c]$. Cette assertion doit être défendue.

- Règle de particule pour le quantificateur existentiel :

Le jeu commence avec l'assertion par un joueur d'une expression quantifiée existentiellement, c'est-à-dire, $\exists xA$.

$\Psi = \exists xA$		Explications
Coup E_1=	$< --, X\text{-}!\text{-}\exists xA>$	Le joueur X joue la formule $\exists xA$ et doit maintenant la défendre (!).
Coup E_2=	$<?, Y\text{-}?\text{-}\exists>$	Le joueur Y l'attaque (?) en demandant qu'il justifie son assertion (question : ?) pour l'individu désigné par c. C'est X qui choisit la constante individuelle.
Coup E_3=	$< !, X\text{-}!\text{-}A[x/c]>$	Le joueur X se défend (!) en justifiant que le prédicat A s'applique à l'individu désigné par c. C'est-à-dire $A[x/c]$. Cette assertion doit être défendue.

Dans les deux derniers diagrammes, l'expression $A[x/c]$ correspond à la substitution de la constante c pour chaque occurrence de la variable x dans la formule A.

Illustration des règles de particules

> Pour le quantificateur universel
>   1) X=**P**

	O		P	
			$\forall xA$	U_1
U_2	$?\text{-}\forall x/c$		$A[x/c]$	U_3

	Détails
U_1=	$< --, \mathbf{P}\text{-}!\text{-}\forall xA>$
U_2=	$<?, \mathbf{O}\text{-}?\text{-}\forall x/c>$
U_3=	$< !, \mathbf{P}\text{-}!\text{-}A[x/c]>$

>   2) X=**O**

	O		P	
U_1	$\forall xA$			
U_3	$A[x/c]$		$?\text{-}\forall x/c$	U_2

	Détails
U_1=	$< --, \mathbf{O}\text{-}!\text{-}\forall xA>$
U_2=	$<?, \mathbf{P}\text{-}?\text{-}\forall x/c>$
U_3=	$< !, \mathbf{O}\text{-}!\text{-}A[x/c]>$

➢ Pour le quantificateur existentiel

1) X=**P**

	O			P	
				$\exists$xA	E₁
E₂	?-$\exists$			A[x/c]	E₃

	Détails
E₁=	< --, **P**-!-$\exists$xA>
E₂=	<?, **O**-?-$\exists$>
E₃=	< !, **P**-!-A[x/c]>

2) X=**O**

	O			P	
E₁	$\exists$xA				
E₃	A[x/c]			?-$\exists$	E₂

	Détails
E₁=	< --, **P**-!-$\exists$xA>
E₂=	<?, **P**-?-$\exists$>
E₃=	< !, **O**-!-A[x/c]>

Cadre récapitulatif 5

Chaque coup que fait un joueur est *décrit* pour un doublet appelé **état d'un dialogue**

état d'un dialogue : <ϱ, **Φ**>

Φ = P-!-Ψ, O-!-Ψ, P-?-Ψ et O-?-Ψ

Ψ pour le premier coup : ¬A, A∧B, A∨B, A→B, $\exists$xA, $\forall$xA

Ψ pour le deuxième coup correspond à N₂, C₂, etc.

L'expression **A** correspond à une formule quelconque de **L**.

expressions	Dans le même ordre :
<?, **Y**-?-$\exists$>	<attaque, joueur **Y**-question-$\exists$>
<?, **Y**-!-A>	<attaque, joueur **Y**-formule-A>
<!, **X**-!-B>	< défense, joueur **X**-formule-B>

I.2.4 Règles structurelles

(RS-0) (*Début de partie*) : Les expressions d'un dialogue sont numérotées, et sont énoncées à tour de rôle par **P** et **O**. La thèse porte le numéro 0, et est assertée par **P**. Tous les coups suivant la thèse sont des réponses à un coup joué par un autre joueur, et obéissant aux règles de particule et aux autres règles structurelles. On appelle D(A) un dialogue qui commence avec la thèse A, les coups pairs sont des coups faits par **P**, les coups impairs sont faits par **O**.

(RS-1 intuitionniste) (*Clôture de ronde intuitionniste*)
A chaque coup, chaque joueur peut soit attaquer une formule complexe énoncée par l'autre joueur, soit se défendre *de la dernière attaque contre laquelle il ne s'est pas encore défendu*. On peut attendre avant de se défendre contre une attaque tant qu'il reste des attaques à jouer. Si c'est au tour de X de jouer le coup n, et que Y a joué deux attaques aux coups l et m (avec $l<m<n$), auxquelles X n'a pas encore répondu, X ne peut plus se défendre contre l. En bref, on peut se défendre seulement contre la dernière attaque non encore défendue.

(RS-1- classique) (*Clôture de ronde classique*) A chaque coup, chaque joueur peut soit attaquer une formule complexe énoncée par l'autre joueur, soit se défendre contre *n'importe quelle* attaque de l'autre joueur (y compris celles auxquelles il a déjà répondu).

(RS-2) (*Ramification*) Si dans un jeu, c'est au tour de **O** de faire un choix propositionnel (c'est-à-dire lorsque **O** défend une disjonction, attaque une conjonction, ou répond à une attaque contre une conditionnelle), **O** engendre deux dialogues distincts. **O** peut passer du premier dialogue au second si et seulement s'il perd celui qu'il choisit en premier. Aucun autre coup ne génère de nouveau dialogue.

(RS-3) (*Usage formel des formules atomiques*) Le proposant ne peut introduire de formule atomique : toute formule atomique dans un dialogue doit d'abord être introduite par l'opposant. On ne peut pas attaquer les formules atomiques.

(RS-4) (*Gain de partie*) Un dialogue est *clos* si, et seulement si, il contient deux occurrences de la même formule atomique, respectivement étiquetées X et Y. Sinon le dialogue reste *ouvert*. Le joueur qui a énoncé la thèse gagne le dialogue si et seulement si le dialogue est clos. Un dialogue est terminé si et seulement s'il est clos, ou si les règles (structurelles et de particule) n'autorisent aucun autre coup. Le joueur qui a joué le rôle d'opposant a gagné le dialogue si et seulement si le dialogue est terminé et ouvert.

Afin d'introduire la règle suivante, RS-5, on doit définir la notion de répétition et l'adapter à la logique de premier ordre :

(Définition 9) Répétition stricte d'une attaque / d'une défense :

a) On parle de **répétition stricte d'une attaque**, si un coup est actuellement attaqué bien que le même coup ait été attaqué auparavant par la même attaque. (On remarquera que choisir la même constante est une répétition stricte, tandis que les choix de ?-$\wedge_1$ et ?-$\wedge_2$ sont des attaques différentes.) Dans le cas d'un coup où un **quantificateur universel** a été attaqué avec une constante, le type de coup suivant doit être ajouté à la liste des répétitions strictes :

- Un coup contenant un quantificateur universel (c'est-à-dire une formule quantifiée universellement) est attaqué en utilisant une nouvelle constante, bien que le même coup ait déjà été attaqué auparavant avec une autre constante qui était nouvelle au moment de cette attaque.

- Un coup contenant un quantificateur universel est attaqué en utilisant une constante qui n'est pas nouvelle, bien que le même coup ait déjà été attaqué auparavant avec la même constante.

b) On parle de **répétition stricte d'une défense**, si un coup d'attaque m_1, qui a déjà été défendu avec le coup défensif m_2 auparavant, est à nouveau défendu contre l'attaque m_1 avec le même coup défensif. (On remarquera que la partie gauche et celle de droite d'une disjonction sont dans ce contexte deux défenses différentes.)
Dans le cas d'un coup où un **quantificateur existentiel** a déjà été défendu avec une nouvelle constante, les types de coups suivants doivent être ajoutés à la liste des répétitions strictes :

- Une attaque sur un quantificateur existentiel est défendue en utilisant une nouvelle constante, bien que le même quantificateur ait déjà été défendu auparavant avec une constante qui était nouvelle au moment de cette attaque.

- Une attaque sur un quantificateur existentiel est défendue en utilisant une constante qui n'est pas nouvelle, bien que le même quantificateur ait déjà été défendu auparavant avec la même constante.

Remarque : Selon ces définitions, ni une nouvelle défense d'un quantificateur existentiel, ni une nouvelle attaque sur un quantificateur universel, n'est, à proprement parler, une stricte répétition si l'on utilise une constante qui, même si elle n'est pas nouvelle, est différente de celle utilisée dans la première défense (respectivement, la première attaque) et qui était nouvelle à ce moment.

(RS-5) (*Règle d'interdiction de répétitions à l'infini*)
Cette règle a deux variantes, l'une classique et l'autre intuitionniste, chacune dépendant du type de règles structurelles avec lesquelles est engagé le dialogue.

(RS-5classique) Les répétitions strictes ne sont pas autorisées.

(RS-5intuitionniste) Dans la version intuitionniste: si **O** a introduit une nouvelle formule atomique qui peut maintenant être utilisée par **P**, alors **P** peut exécuter une répétition d'attaque. Les répétitions strictes ne sont pas autorisées.

Remarque : Cette règle, quand elle est combinée à une procédure systématique adéquate, permet à l'Opposant de trouver un dialogue fini, où il gagne s'il y en a un : c'est-à-dire qu'il pourrait y avoir des formules où l'Opposant peut gagner seulement avec un jeu infini.
Le point de la procédure systématique est le suivant : on suppose que, dans un jeu, k_i apparaît et que l'Opposant doit maintenant choisir une constante. Alors il produira deux jeux différents : dans l'un, il utilisera l'ancienne constante ; dans l'autre, il utilisera la nouvelle constante.

I.2.5 Exercices

Cas 21 : D($\forall x\varphi \rightarrow \forall x\varphi$)
Cas 22 : D($\exists x\varphi \rightarrow \exists x\varphi$)
Cas 23 : D($\exists xAx \rightarrow \forall xAx$)
Cas 24 : D($\forall x(Ax \rightarrow Bx) \rightarrow \exists x(Ax \rightarrow Bx)$)
Cas 25 : D($\forall xAx \rightarrow \exists xAx$)
Cas 26 : D($Ac \rightarrow \forall xAx$)
Cas 27 : D($Pc \rightarrow \exists xPx$) (Particularisation)
Cas 28 : D($\forall x(Ax \rightarrow Bx) \rightarrow \exists x(Ax \wedge Bx)$)
Cas 29 : D($\exists x(Ax \wedge Bx) \rightarrow (\exists xAx \wedge \exists xBx)$)
Cas 30 : D($\exists x(Ax \rightarrow \forall xAx)$)
Cas 31 : D($\forall x(Ax \wedge Bx) \rightarrow (\forall xAx \wedge \forall xBx)$)
Cas 32 : D($\neg\exists xAx \rightarrow \forall x\neg Ax$)
Cas 33 : D($\forall xAx \rightarrow Ac$) (Spécification)
Cas 34 : D($\forall xAx \rightarrow \neg\exists x\neg Ax$)
Cas 35 : D($(\forall x(Ax \rightarrow Bx) \wedge (\exists x\neg Bx)) \rightarrow (\exists x\neg Ax)$)
Cas 36 : D($(\forall x(Ax \vee Bx) \wedge \exists x\neg Ax) \rightarrow (\exists xBx)$)
Cas 37 : D($\forall x\forall yRxy \rightarrow \forall x\forall yRyx$)
Cas 38 : D($\exists y\forall xAxy \rightarrow \forall x\exists yAxy$)
Cas 39 : D($\forall x(\forall xAx \rightarrow Ax) \rightarrow \forall xAx$)
Cas 40 : D($\neg\forall x\exists xAxy$)

Remarque : Dans les cas 21 et 22 on notera que φ tient pour une formule quelconque. Quelle que soit la formule qu'on lui substitue, qu'elle soit complexe ou atomique, les formules traitées sont valides.

Cas 21 : D($\forall x\varphi \rightarrow \forall x\varphi$)

	O			**P**	
				$\forall x\varphi \rightarrow \forall x\varphi$	0
1	$\forall x\varphi$	0		$\forall x\varphi$	2
3	?-$\forall x/c$	2		$\varphi[x/c]$ ☺	6
5	$\varphi[x/c]$		1	?-$\forall x/c$	4

Coup 0 : I_1=<- , **P**-!-$\forall x\varphi \rightarrow \forall x\varphi$>

Coup 1 : I_2=<?, **O**-!-$\forall x \varphi$>
Commence ici un nouveau jeu équivalent à U_1 pour X=**O**
Coup 2 : I_3=<!, **P**-!-$\forall x \varphi$>
Commence ici un nouveau jeu équivalent à U_1 pour X=**P**
Coup 3 : U_2=<?, **O**-?-$\forall x/c$>
Coup 4 : U_2=<?, **P**-?-$\forall x/c$>
P l'attaque avec la même constante pour forcer **O** à lui concéder $\varphi[x/c]$ en vue de répondre à l'attaque émise au coup 3.
Coup 5 : U_3=< !, **O**-!-$\varphi[x/c]$>
Coup 6 : U_3=< !, **P**-!-$\varphi[x/c]$> ☺

1. $\varphi = Px \rightarrow Qx$

	O			**P**	
				$\forall x\,(Px \rightarrow Qx) \rightarrow \forall x\,(Px \rightarrow Qx)$	0
1	$\forall x\,(Px \rightarrow Qx)$	0		$\forall x\,(Px \rightarrow Qx)$	2
3	?-$\forall x/c$	2		$Pc \rightarrow Qc$	4
5	Pc	4		Qc ☺	10
7	$Pc \rightarrow Qc$	1	?-$\forall x/c$	6
9	Qc		7	Pc	8

Coup 0 : I_1=<- , **P**-!-$\forall x\,(Px \rightarrow Qx) \rightarrow \forall x\,(Px \rightarrow Qx)$>
Coup 1 : I_2=<?, **O**-!-$\forall x\,(Px \rightarrow Qx)$>
Commence ici un nouveau jeu équivalent à U_1 pour X=**O**
Coup 2 : I_3=<!, **P**-!-$\forall x\,(Px \rightarrow Qx)$>
Commence ici un nouveau jeu équivalent à U_1 pour X=**P**
Coup 3 : U_2=<?, **O**-?-$\forall x/c$>
Coup 4 : U_3=< !, **P**-!-$Pc \rightarrow Qc$ >
Commence ici un nouveau jeu équivalent à I_1 pour X=**P**
Coup 5 : I_2=<?, **O**-!- Pc >
Coup 6 : U_2=<?, **P**-?-$\forall x/c$>
Coup 7 : U_3=< !, **O**-!-$Pc \rightarrow Qc$ >
Commence ici un nouveau jeu équivalent à I_1 pour X=**O**
Coup 8 : I_2=<?, **P**-!-Pc >

Ramification 1	Ramification 2
Coup 9 : I_3=<?, **O**-!-Qc >	La ramification est nulle parce qu'**O** ne peut pas attaquer l'atomique du coup 8.
Coup 10 : I_3=<?, **P**-!-Qc > ☺	

2. $\varphi = Px \wedge Qx$

	O				P	
					$\forall x\,(Px \wedge Qx) \rightarrow \forall x\,(Px \wedge Qx)$	0
1	$\forall x\,(Px \wedge Qx)$	0			$\forall x\,(Px \wedge Qx)$	2
3	$?\text{-}\forall x/c$	2			$Pc \wedge Qc$	6
5	$Pc \wedge Qc$		1		$?\text{-}\forall x/c$	4

➡ **Ramification 1**

	O				P	
					$\forall x\,(Px \wedge Qx) \rightarrow \forall x\,(Px \wedge Qx)$	0
1	$\forall x\,(Px \wedge Qx)$	0			$\forall x\,(Px \wedge Qx)$	2
3	$?\text{-}\forall x/c$	2			$Pc \wedge Qc$	6
5	$Pc \wedge Qc$		1		$?\text{-}\forall x/c$	4
7	$?\text{-}\wedge_2$	6			Qc	10
9	Qc		5		$?\text{-}\wedge_2$	8

➡ **Ramification 2**

	O				P	
					$\forall x\,(Px \wedge Qx) \rightarrow \forall x\,(Px \wedge Qx)$	0
1	$\forall x\,(Px \wedge Qx)$	0			$\forall x\,(Px \wedge Qx)$	2
3	$?\text{-}\forall x/c$	2			$Pc \wedge Qc$	6
5	$Pc \wedge Qc$		1		$?\text{-}\forall x/c$	4
7	$?\text{-}\wedge_1$	6			Pc ☺	10
9	Pc		5		$?\text{-}\wedge_1$	8

Coup 0 : I_1=<thèse, **P**-!-$\forall x\,(Px \wedge Qx) \rightarrow \forall x\,(Px \wedge Qx)$>
Coup 1 : I_2=<?, **O**-!-$\forall x\,(Px \wedge Qx)$> Commence ici un nouveau jeu équivalent à U_1 pour X=**O**
Coup 2 : I_3=<!, **P**-!-$\forall x\,(Px \wedge Qx)$> Commence ici un nouveau jeu équivalent à U_1 pour X=**P**
Coup 3 : U_2=<?, **O**-?-$\forall x/c$>
Coup 4 : U_2=σ, **P**-?-$\forall x/c$>
Coup 5 : U_3=< !, **O**-!-$Pc \wedge Qc$ >

Commence un nouveau jeu équivalent à C_1 pour X=**O**	
Coup 6 : U_3=< !, **P**-!-$Pc \wedge Qc$ >	
Commence ici un nouveau jeu équivalent à C_1 pour X=**P**	
Ramification 1	**Ramification 2**
Coup 7 : C_2=<?, **O**-?-$\wedge_2$>	Coup 7 : C_2=<?, **O**-?-$\wedge_1$>
Coup 8 : C_2=<?, **P**-?-$\wedge_2$>	Coup 8 : C_2=<?, **P**-?-$\wedge_1$>
Coup 9 : C_3=<!, **O**-!- Qc >	Coup 9 : C_3=<!, **O**-!- Pc >
Coup 10 : C_3=<!, **P**-!- Qc >	Coup 10 C_3=<!, **P**-!- Pc > ☺

Cas 22 : $D(\exists x\varphi \rightarrow \exists x\varphi)$

	O			**P**	
				$\exists x\varphi \rightarrow \exists x\varphi$	0
1	$\exists x\varphi$	0		$\exists x\varphi$	2
3	?-$\exists$	2		$\varphi[x/c]$ ☺	6
5	$\varphi[x/c]$		1	?-$\exists$	4

Coup 0 : I_1=<thèse, **P**-!-$\exists x\varphi \rightarrow \exists x\varphi$>
Coup 1 : I_2=<?, **O**-!-$\exists x\varphi$>   Commence ici un nouveau jeu équivalent à E_1 pour X=**O**
Coup 2 : I_3=<!, **P**-!-$\exists x\varphi$>   Commence ici un nouveau jeu équivalent à E_1 pour X=**P**
Coup 3 : E_2=<?, **O**-?-$\exists$>
Coup 4 : E_2=<?, **P**-?-$\exists$>
Coup 5 : E_3=< !, **O**-!-$\varphi[x/c]$>
Coup 6 : E_3=< !, **P**-!-$\varphi[x/c]$> ☺

1. $\varphi = Px \vee Qx$

	O				P	
					$\exists x\,(Px \vee Qx) \rightarrow \exists x\,(Px \vee Qx)$	0
1	$\exists x\,(Px \vee Qx)$	0			$\exists x\,(Px \vee Qx)$	2
3	?-$\exists$	2			$Pc \vee Qc$	6
5	$Pc \vee Qc$		1		?-$\exists$	4

➥ **Ramification 1**

	O				P	
					$\exists x\,(Px \vee Qx) \rightarrow \exists x\,(Px \vee Qx)$	0
1	$\exists x\,(Px \vee Qx)$	0			$\exists x\,(Px \vee Qx)$	2
3	?-$\exists$	2			$Pc \vee Qc$	6
5	$Pc \vee Qc$		1		?-$\exists$	4
7	?-$\vee$	6			Qc ☺	10
9	Qc		5		?-$\vee$	8

➥ **Ramification 2**

	O				P	
					$\exists x\,(Px \vee Qx) \rightarrow \exists x\,(Px \vee Qx)$	0
1	$\exists x\,(Px \vee Qx)$	0			$\exists x\,(Px \vee Qx)$	2
3	?-$\exists$	2			$Pc \vee Qc$	6
5	$Pc \vee Qc$		1		?-$\exists$	4
7	?-$\vee$	6			Pc ☺	10
9	Pc		5		?-$\vee$	8

Coup 0 : $I_1 = \langle$thèse, **P**-!-$\exists x(Px \vee Qx) \rightarrow \exists x(Px \vee Qx)\rangle$
Coup 1 : $I_2 = \langle$?, **O**-!-$\exists x(Px \vee Qx)\rangle$ Commence ici un nouveau jeu équivalent à E_1 pour X=**O**
Coup 2 : $I_3 = \langle$!, **P**-!-$\exists x(Px \vee Qx)\rangle$ Commence ici un nouveau jeu équivalent à E_1 pour X=**P**
Coup 3 : $E_2 = \langle$?, **O**-?-$\exists\rangle$
Coup 4 : $E_2 = \langle$?, **P**-?-$\exists\rangle$

Coup 5 : E_3=< !, **O**-!- $P_c \vee Q_c$ >
Commence ici un nouveau jeu équivalent à D_1 pour X=**O**

Coup 6 : E_3=< !, **P**-!- $P_c \vee Q_c$ >
Commence ici un nouveau jeu équivalent à D_1 pour X=**P**

Ramification 1	Ramification 2
Coup 7 : C_2=<?, **O**-?-∨>	Coup 7 : C_2=<?, **O**-?-∨>
Coup 8 : C_2=<?, **P**-?-∨>	Coup 8 : C_2=<?, **P**-?-∨>
Coup 9 : C_3=<!, **O**-!- Q_c >	Coup 9 : C_3=<!, **O**-!- P_c >
Coup 10 : C_3=<!, **P**-!- Q_c >	Coup 10 : C_3=<!, **P**-!- P_c >

    2. φ= Px

	O			**P**	
				$\exists x\, Px \rightarrow \exists x\, Px$	0
1	$\exists x\, Px$	0		$\exists x\, Px$	2
3	?-∃	2		P_c ☺	6
5	P_c		1	?-∃	4

Coup 0 : I_1=<thèse, **P**-!-∃xAx →∃xAx>
Coup 1 : I_2=<?, **O**-!-∃xAx>
Commence ici un nouveau jeu équivalent à E_1 pour X=**O**
Coup 2 : I_3=<!, **P**-!-∃xAx>
Commence ici un nouveau jeu équivalent à E_1 pour X=**P**
Coup 3 : E_2=<?, **O**-?-∃>
Coup 4 : E_2=<?, **P**-?-∃>
Coup 5 : E_3=< !, **O**-!-P_c>
Coup 6 : E_3=< !, **P**-!- P_c > ☺

Cas 23 : D($\exists$xAx$\rightarrow\forall$xAx)

	O			P	
				$\exists$xAx$\rightarrow\forall$xAx	0
1	$\exists$xAx	0		$\forall$xAx	2
3	?-$\forall$x/c	2			
5	Ad		1	?-$\exists$	4

Coup 0 : I$_1$=<thèse, **P**-!-$\exists$xAx $\rightarrow\forall$xAx>
Coup 1 : I$_2$=<?, **O**-!-$\exists$xAx> Commence ici un nouveau jeu équivalent à E$_1$ pour X=**O**
Coup 2 : I$_3$=<!, **P**-!-$\forall$xAx> Commence ici un nouveau jeu équivalent à U$_1$ pour X=**P**
Coup 3 : U$_2$=<?, **O**-?-$\forall$x/c >
Coup 4 : E$_2$=<?, **P**-?-$\exists$>
Coup 5 : E$_3$=< !, **O**-!- Ad > D'un point de vue stratégique, O introduit maintenant une constante différente de celle qu'il demande en 3. Judicieusement, il ne concède pas la constante dont **P** a besoin pour répondre à l'attaque émise au coup 3. Ainsi, **O** gagne et La formule n'est donc pas valide puisqu'il n'y a pas de stratégie gagnante pour **P**.

Cas 24 : D($\forall$x(Ax$\rightarrow$Bx) $\rightarrow\exists$x(Ax$\rightarrow$Bx))

	O			P	
				$\forall$x(Ax$\rightarrow$Bx)$\rightarrow\exists$x(Ax$\rightarrow$Bx)	0
1	$\forall$x(Ax$\rightarrow$Bx)	0		$\exists$x(Ax$\rightarrow$Bx)	2
3	?-$\exists$	2		A$c\rightarrow$Bc	4
5	Ac	4		Bc ☺	10
7	A$c\rightarrow$Bc		1	?-$\forall$x/c	6
9	Bc		7	Ac	8

Coup 0 : I$_1$=<thèse, **P**-!-$\forall$x(Ax$\rightarrow$Bx) $\rightarrow\exists$x(Ax$\rightarrow$Bx)>
Coup 1 : I$_2$=<?, **O**-!-$\forall$x(Ax$\rightarrow$Bx)> Commence ici un nouveau jeu équivalent à U$_1$ pour X=**O**
Coup 2 : I$_3$=<!, **P**-!-$\exists$x(Ax$\rightarrow$Bx)> Commence ici un nouveau jeu équivalent à E$_1$ pour X=**P**
Coup 3 : E$_2$=<?, **O**-?-$\exists$>

| Coup 4 : E_3=< !, **P**-!-Ac→Bc > |
| Commence ici un nouveau jeu équivalent à I_1 pour X=**P** |

| Coup 5 : I_2=<?, **O**-!-Ac> |

| Coup 6 : U_2=<?, **P**-?-∀x/c> |

| Coup 7 : U_3=<!, **O**-!-Ac→Bc> |
| Commence ici un nouveau jeu équivalent à I_1 pour X=**O** |

Ramification 1	Ramification 2
Coup 8 : I_2=<?, **P**-!-Ac>	La ramification est nulle parce qu'**O** ne
Coup 9 : I_3=<!, **O**-!-Bc>	peut pas attaquer l'atomique du coup 8.
Coup 10 : I_3=<!, **P**-!- Bc> ☺	

Cas 25 : D(∀xAx→∃xAx)

	O			**P**	
				∀xAx→∃xAx	0
1	∀xAx	0		∃xAx	2
3	?-∃	2		Ac ☺	6
5	Ac		1	?-∀x/c	4

| Coup 0 : I_1=<thèse, **P**-!-∀xAx→∃xAx> |
| Coup 1 : I_2=<?, **O**-!-∀xAx> |
| Commence ici un nouveau jeu équivalent à U_1 pour X=**O** |
| Coup 2 : I_3=<!, **P**-!-∃xAx> |
| Commence ici un nouveau jeu équivalent à E_1 pour X=**P** |
| Coup 3 : E_2=<?, **O**-?-∃> |
| Coup 4 : U_2=< ?, **P**-?-∀x/c > |
| Coup 5 : U_3=<!, **O**-!-Ac > |
| Coup 6 : E_3=<!, **P**-!-Ac > |

Cas 26 : D(Ac→∀xAx)

	O				P	
					Ac→∀xAx	0
1	Ac	0			∀xAx	2
3	?-∀x/d	2				

Coup 0 : I$_1$=<thèse, **P**-!- Ac→∀xAx >
Coup 1 : I$_2$=<?, **O**-!- Ac>
Coup 2 : I$_3$=<!, **P**-!-∀xAx> Commence ici un nouveau jeu équivalent à U$_1$ pour X=**P**
Coup 3 : U$_2$=<?, **O**-?-∀x/d > La stratégie de **O** consiste ici à attaquer l'universelle en demandant une justification pour une constante différente de c. Ainsi, **P** ne peut pas profiter de l'atomique du coup 1.

Cas 27 : D(Pc →∃xPx) (Particularisation)

	O				P	
					Pc →∃xPx	0
1	Pc	0			∃xPx	2
3	?-∃	2			Pc ☺	4

Coup 0 : I$_1$=<thèse, **P**-!-Pc→∃xPx>
Coup 1 : I$_2$=<?, **O**-!- Pc >
Coup 2 : I$_3$=<!, **P**-!-∃xPx> Commence ici un nouveau jeu équivalent à E$_1$ pour X=**P**
Coup 3 : E$_2$=<?, **O**-?-∃>
Coup 4 : E$_3$=< !, **P**-!- Pc >

Cas 28 : $D(\forall x(Ax \to Bx) \to \exists x(Ax \land Bx))$

	O				P	
					$\forall x(Ax \to Bx) \to \exists x(Ax \land Bx)$	0
1	$\forall x(Ax \to Bx)$	0			$\exists x(Ax \land Bx)$	2
3	?-$\exists$	2			$Ac \land Bc$	4
5	?-$\land_1$	4				
7	$Ac \to Bc$		1		?-$\forall x/c$	6

Coup 0 : $I_1 = <$thèse, **P**-!-$\forall x(Ax \to Bx) \to \exists x(Ax \land Bx)>$
Coup 1 : $I_2 = <?$, **O**-!-$\forall x(Ax \to Bx)>$ Commence ici un nouveau jeu équivalent à U_1 pour X=**O**
Coup 2 : $I_3 = <!$, **P**-!-$\exists x(Ax \land Bx)>$ Commence ici un nouveau jeu équivalent à E_1 pour X=**P**
Coup 3 : $E_2 = <?$, **O**-?-$\exists>$
Coup 4 : $E_3 = < !$, **P**-!-$Ac \land Bc >$ Commence ici un nouveau jeu équivalent à C_1 pour X=**P**
Coup 5 : $I_2 = <?$, **O**-!-?-$\land_1>$
Coup 6 : $U_2 = <?$, **P**-?-$\forall x/c>$
Coup 7 : $U_3 = <!$, **O**-!-$Ac \to Bc>$ Commence ici un nouveau jeu équivalent à I_1 pour X=**O** ☺
O gagne parce que **P** ne peut pas attaquer l'implication du coup 7 ni se défendre de l'attaque a sa conjonction du coup 4. Dans le deux cas, il faudrait qu'il joue un atomique et aucune d'elles n'a été concédée par **O**.

Cas 29 : D($\exists$x(Ax$\wedge$Bx)$\rightarrow$($\exists$xAx$\wedge$$\exists$xBx))

	O			P	
				$\exists$x(Ax$\wedge$Bx)$\rightarrow$($\exists$xAx$\wedge$$\exists$xBx)	0
1	$\exists$x(Ax$\wedge$Bx)	0		($\exists$xAx$\wedge$$\exists$xBx)	2

$\leadsto$

Ramification 1

	O			P	
				$\exists$x(Ax$\wedge$Bx)$\rightarrow$($\exists$xAx$\wedge$$\exists$xBx)	0
1	$\exists$x(Ax$\wedge$Bx)	0		($\exists$xAx $\wedge$ $\exists$xBx)	2
3	?-$\wedge_1$	2		$\exists$xAx	4
5	?-$\exists$	4		Aa ☺	10
7	A$a$$\wedge$B$a$		1	?-$\exists$	6
9	Aa		7	?-$\wedge_1$	8

$\leadsto$

Ramification 2

	O			P	
				$\exists$x(Ax$\wedge$Bx)$\rightarrow$($\exists$xAx$\wedge$$\exists$xBx)	0
1	$\exists$x(Ax$\wedge$Bx)	0		$\exists$xAx $\wedge$ $\exists$xBx	2
3	?-$\wedge_2$	2		$\exists$xBx	4
5	?-$\exists$	4		Ba ☺	10
7	A$a$$\wedge$B$a$		1	?-$\exists$	6
9	Ba		7	?-$\wedge_2$	8

Coup 0 : I_1=<thèse, **P**-!-$\exists$x(Ax$\wedge$Bx)$\rightarrow$($\exists$xAx$\wedge$$\exists$xBx)>	
Coup 1 : I_2=<?, **O**-!-$\exists$x(Ax$\wedge$Bx)> Commence ici un nouveau jeu équivalent à E_1 pour X=**O**	
Coup 2 : I_3=<!, **P**-!-($\exists$xAx$\wedge$$\exists$xBx)> Commence ici un nouveau jeu équivalent à C_1 pour X=**P**	
Ramification 1	**Ramification 2**
Coup 3 : C_2=<?, **O**-?-$\wedge_1$>	Coup 3 : C_2=<?, **O**-?-$\wedge_2$>
Coup 4 : C_3=< !, **P**-!-$\exists$xAx> Commence ici un nouveau jeu équivalent à E_1 pour X=**P**	Coup 4 : C_3=< !, **P**-!-$\exists$xBx> Commence ici un nouveau jeu équivalent à E_1 pour X=**P**

Coup 5 : E_2=<?, **O**-?-∃>	Coup 5 : E_2=<?, **O**-?-∃>
Coup 6 : E_2=<?, **P**-?-∃>	Coup 6 : E_2=<?, **P**-?-∃>
Coup 7 : E_3=< !, **O**-!-Aa∧Ba> Commence ici un nouveau jeu équivalent à C_1 pour X=**O**	Coup 7 : E_3=< !, **O**-!-Aa∧Ba> Commence ici un nouveau jeu équivalent à C_1 pour X=**O**
Coup 8 : C_2=<?, **P**-?-∧$_1$>	Coup 8 : C_2=<?, **P**-?-∧$_2$>
Coup 9 : C_3=< !, **O**-!-Aa>	Coup 9 : C_3=< !, **O**-!-Ba>
Coup 10 : E_3=< !, **P**-!-Aa>	Coup 10 : E_3=< !, **P**-!-Ba>

Cas 30 : D(∃x(Ax→∀xAx))

	O				**P**	
					∃x(Ax→∀xAx)	0
1	?-∃	0			Aa→∀xAx	2
3	Aa	2			∀xAx	4
5	?-∀x/b	4			Ab ☻	8
					Ab→∀xAx	6
7	Ab	6				

Coup 0 : E_1=<thèse, **P**-!-∃x(Ax→∀xAx)>
Coup 1 : E_2=<?, **O**-?-∃>
Coup 2 : E_3=<!, **P**-!- Aa→∀xAx > Commence ici un nouveau jeu équivalent à I_1 pour X=**P**
Coup 3 : I_2=<?, **O**-!-Aa>
Coup 4 : I_3=<!, **P**-!-∀xAx> Commence ici un nouveau jeu équivalent à U_1 pour X=**P**
Coup 5 : U_2=<?, **O**-?-∀x/b> Avec des règles intuitionnistes le dialogue s'arrête ici
Coup 6 : E_3=<!, **P**-!- Ab→∀xAx> Commence ici un nouveau jeu équivalent à I_1 pour X=**P**
Coup 7 : I_2=<?, **O**-!-Ab>
Coup 8 : U_3=<!, **P**-!-Ab>

Cas 31 : $D(\forall x(Ax\wedge Bx)\rightarrow(\forall xAx\wedge\forall xBx))$

	O			P	
				$\forall x(Ac\wedge Bc)\rightarrow(\forall xAx\vee\forall xBx)$	0
1	$\forall x(Ax\vee Bx)$	0		$(\forall xAx\vee\forall xBx)$	2
3	?v	2		$\forall xAx$	4
5	?$\forall x/c$	4			
7	$Ac\vee Bc$		1	?$\forall x/c$	6
9	Bc		7	?v	8
				$\forall xBx$	10
11	?$\forall x/d$	10			

Coup 0 : I_1=<thèse, **P**-!-$\forall x(Ac\wedge Bc)\rightarrow(\forall xAx\vee\forall xBx))$>
Coup 1 : I_2=< ?, **O**-!-$\forall x(Ac\wedge Bc)$>   Commence ici un nouveau jeu équivalent à U_1 pour X=**O**
Coup 2 : I_3=<!, **P**-!-$(\forall xAx\vee\forall xBx)$>   Commence ici un nouveau jeu équivalent à D_1 pour X=**P**
Coup 3 : D_2=<?, **O**-?-v>
Coup 4 : D_3=<!, **P**-!-$\forall xAx$>   Commence ici un nouveau jeu équivalent à U_1 pour X=**P**
Coup 5 : U_2=<?, **O**-?-$\forall x/c$>
Coup 6 : U_2=<?, **P**-?-$\forall x/c$>
Coup 7 : U_3=<!, **O**- !- $Ac\vee Bc$ >   Commence ici un nouveau jeu équivalent à D_1 pour X=**O**
Coup 8 : D_2=<?, **P**-?-v>
Coup 9 : D_3=<!, **O**-!-Bc>
Coup 10 : D_3=<!, **P**-!-$\forall xBx$>   Commence ici un nouveau jeu équivalent à U_1 pour X=**P**
Coup 11 : U_2=<?, **O**-?-$\forall x/d$>

Cas 32 : $D(\neg\exists xAx \rightarrow \forall x\neg Ax)$

	O			P	
				$\neg\exists xAx \rightarrow \forall x\neg Ax$	0
1	$\neg\exists xAx$	0		$\forall x\neg Ax$	2
3	$?\forall x/c$	2		$\neg Ac$	4
5	Ac	4			
			1	$\exists xAx$	6
7	$?\exists$	6		Ac ☺	8

Coup 0 : $I_1 = <$thèse, $\mathbf{P}$-!- $\neg\exists xAx \rightarrow \forall x\neg Ax>$
Coup 1 : $I_2 = <$?, $\mathbf{O}$-!- $\neg\exists xAx>$ Commence ici un nouveau jeu équivalent à N_1 pour X=$\mathbf{O}$
Coup 2 : $I_3 = <!, \mathbf{P}$-!-$\forall x\neg Ax>$ Commence ici un nouveau jeu équivalent à U_1 pour X=$\mathbf{P}$
Coup 3 : $U_2 = <?, \mathbf{O}$-?-$\forall x/c>$
Coup 4 : $U_3 = <!, \mathbf{P}$-!-$\neg Ac>$ Commence ici un nouveau jeu équivalent à N_1 pour X=$\mathbf{P}$
Coup 5 : $N_2 = <?, \mathbf{O}$- !-$Ac>$
Coup 6 : $N_2 = <?, \mathbf{P}$- !-$\exists xAx>$ Commence ici un nouveau jeu équivalent à E_1 pour X=$\mathbf{P}$
Coup 7 : $E_2 = <?, \mathbf{O}$-?-$\exists>$
Coup 8 : $E_3 = <!, \mathbf{P}$-!-$Ac>$

Cas 33 : $D(\forall xAx \rightarrow Ac)$ (Spécification)

	O			P	
				$\forall xAx \rightarrow Ac$	0
1	$\forall xAx$	0		Ac ☺	4
3	Ac		1	$?-\forall x/c$	2

Coup 0 : $I_1 = <$thèse, $\mathbf{P}$-!-$\forall xAx \rightarrow Ac >$
Coup 1 : $I_2 = <?, \mathbf{O}$-!-$\forall xAx >$ Commence ici un nouveau jeu équivalent à U_1 pour X=$\mathbf{O}$
Coup 2 : $U_2 = <!, \mathbf{P}$-?-$\forall x/c >$
Coup 3 : $U_3 = <?, \mathbf{O}$-!-$Ac>$
Coup 4 : $I_3 = < !, \mathbf{P}$-!- $Ac >$

Cas 34 : D($\forall$xAx$\rightarrow\neg\exists$x$\neg$Ax)

	O			P	
				$\forall$xAx$\rightarrow \neg\exists$x$\neg$Ax	0
1	$\forall$xAx	0		$\neg\exists$x$\neg$Ax	2
3	$\exists$x$\neg$Ax	2			
5	$\neg$Ac		3	?-$\exists$	4
7	Ac		1	?$\forall$x/c	6
			5	Ac ☺	8

Coup 0 : I_1=<thèse, **P**-!- $\forall$xAx$\rightarrow \neg\exists$x$\neg$Ax >
Coup 1 : I_2=<?, **O**-!- $\forall$xAx >   Commence ici un nouveau jeu équivalent à U_1 pour X=**O**
Coup 2 : I_3=<!, **P**-!- $\neg\exists$x$\neg$Ax >   Commence ici un nouveau jeu équivalent à N_1 pour X=**P**
Coup 3 : N_2=<?, **O**-!- $\exists$x$\neg$Ax >   Commence ici un nouveau jeu équivalent à E_1 pour X=**O**
Coup 4 : E_2=<?, **P**-?-$\exists$>
Coup 5 : E_3=<!, **O**-!- $\neg$Ac>   Commence ici un nouveau jeu équivalent à N_1 pour X=**O**
Coup 6 : U_2=<?, **P**-?-$\forall$x/c>
Coup 7 : U_3=<!, **O**-!-Ac>
Coup 8 : N_2=<!, **P**-!-Ac>

Cas 35 : $D((\forall x(Ax\to Bx)\wedge(\exists x\neg Bx))\to(\exists x\neg Ax))$

	O			P	
				$(\forall x(Ax\to Bx)\wedge(\exists x\neg Bx))\to(\exists x\neg Ax)$	0
1	$\forall x(Ax\to Bx)\wedge(\exists x\neg Bx)$	0		$\exists x\neg Ax$	2
3	$?\exists$	2		$\neg Aa$	10
5	$\forall x(Ax\to Bx)$	1		$?\text{-}\wedge_1$	4
7	$\exists x\neg Bx$	1		$?\text{-}\wedge_2$	6
9	$\neg Ba$	7		$?\exists$	8
11	Aa	10			
13	$Aa\to Ba$	5		$?\text{-}\forall x/a$	12
15	Ba	13		Aa	14
		9		Ba ☺	16

Coup 0 : $I_1=<$thèse, **P**-!- $(\forall x(Ax\to Bx)\wedge(\exists x\neg Bx))\to(\exists x\neg Ax)>$
Coup 1 : $I_2=<?$, **O**-!- $\forall x(Ax\to Bx)\wedge(\exists x\neg Bx)>$ Commence ici un nouveau jeu équivalent à C_1 pour X=**O**
Coup 2 : $I_3=<!$, **P**-!-$\exists x\neg Ax>$ Commence ici un nouveau jeu équivalent à E_1 pour X=**P**
Coup 3 : $E_2=<?$, **O**- ?- $\exists>$
Coup 4 : $C_2=<?$, **P**-?-$\wedge_1>$
Coup 5 : $C_3=<!$, **O**-!-$\forall x(Ax\to Bx)>$ Commence ici un nouveau jeu équivalent à U_1 pour X=**O**
Coup 6 : $C_2=<?$, **P**-?-$\wedge_2>$
Coup 7 : $C_3=<!$, **O**-!-$\exists x\neg Bx>$ Commence ici un nouveau eu équivalent à E_1 pour X=**O**
Coup 8 : $E_2=<?$, **P**- ?- $\exists>$
Coup 9 : $E_3=<!$, **O**- !- $\neg Ba>$ Commence ici un nouveau jeu équivalent à N_1 pour X=**O**
Coup 10 : $E_3=<!$, **P**- !- $\neg Aa>$ Commence ici un nouveau jeu équivalent à N_1 pour X=**P**
Coup 11 : $N_2=<?$, **O**-!- $Aa>$
Coup 12 : $U_2=<?$, **P**- ?-$\forall x/a>$
Coup 13 : $U_3=<!$, **O**-!-$Aa\to Ba >$ Commence ici un nouveau jeu équivalent à I_1 pour X=**O**
Coup 14 : $I_2=<?$, **P**-!-$Aa>$
Coup 15 : $I_3=<!$, **O**-!- $Ba>$
Coup 16 : $N_2=<?$, **P**-!-$Ba>$

Cas 36 : D$((\forall x(Ax \vee Bx) \wedge \exists x \neg Ax) \rightarrow (\exists x Bx))$

	O				P	
					$(\forall x(Ax \vee Bx) \wedge \exists x \neg Ax) \rightarrow (\exists x Bx)$	0
1	$\forall x(Ax \vee Bx) \wedge (\exists x \neg Ax)$	0			$\exists x Bx$	2
3	?-$\exists$	2				
5	$\forall x(Ax \vee Bx)$		1		?$\wedge_1$	4
7	$\exists x \neg Ax$		1		?$\wedge_2$	6
9	$\neg Aa$		7		?$\exists$	8
11	$Aa \vee Ba$		5		?-$\forall x/a$	10
13			11		?-$\vee$	12

Ramification 1

	O				P	
11	$Aa \vee Ba$		5		?$\forall x/a$	10
13	Ba		11		?-$\vee$	12

Ramification 2

	O				P	
11	$Aa \vee Ba$		5		?$\forall x/a$	10
13	Aa		11		?-$\vee$	12
					Aa ☺	14

Coup 0 : I_1=<thèse, **P**-!-$(\forall x(Ax \vee Bx) \wedge \exists x \neg Ax) \rightarrow (\exists x Bx)$>
Coup 1 : I_2=<?, **O**-!-$(\forall x(Ax \vee Bx) \wedge \exists x \neg Ax)$> Commence ici un nouveau jeu équivalent à C_1 pour X=**O**
Coup 2 : I_3=<!, **P**-!- $\exists x Bx$> Commence ici un nouveau jeu équivalent à E_1 pour X=**P**
Coup 3 : E_2=<?, **O**-?-$\exists$>
Coup 4 : C_2=<?, **P**-?-$\wedge_1$>
Coup 5 : C_3=< !, **O**-!- $\forall x(Ax \vee Bx)$> Commence ici un nouveau jeu équivalent à U_1 pour X=**O**
Coup 6 : C_2=<?, **P**-?-$\wedge_2$>
Coup 7 : C_3=< !, **O**-!- $\exists x \neg Ax$> Commence ici un nouveau jeu équivalent à E_1 pour X=**O**
Coup 8 : E_2=<?, **P**-?-$\exists$>
Coup 9 : E_3=< !, **O**-!- $\neg Aa$> Commence ici un nouveau jeu équivalent à N_1 pour X=**O**

Coup 10 : U_2=<?, **P**-?-$\forall$x/a>	
Coup 11 : U_3=< !, **O**-!- Aa$\vee$Ba > Commence ici un nouveau jeu équivalent à D_1 pour X=**O**	
Coup 12 : D_2=<?, **P**-?-$\vee$>	
Ramification 1	**Ramification 2**
Coup 13 : D_3=< !, **O**-!- Ba>	Coup 13 : D_3=< !, **O**-!- Aa>
Coup 14 : E_3=< !, **P**-!- Ba>	Coup 14 : N_2=<?, **P**- !- Aa >

Cas 37 : D($\forall$x$\forall$yRxy$\rightarrow$$\forall$x$\forall$yRyx)

	O			P	
				($\forall$x$\forall$yRxy$\rightarrow$$\forall$x$\forall$yRyx)	0
1	$\forall$x$\forall$yRxy	0		$\forall$x$\forall$yRyx	2
3	?-$\forall$x/a	2		$\forall$yRya	4
5	?-$\forall$y/b	2		Rba ☺	10
7	$\forall$yRby	1		?-$\forall$x/b	6
9	Rba	7		?-$\forall$y/a	8

Coup 0 : I_1=<thèse, **P**-!- $\forall$x$\forall$yRxy$\rightarrow$$\forall$x$\forall$yRyx>
Coup 1 : I_2=<?, **O**-!- $\forall$x$\forall$yRxy> Commence ici un nouveau jeu équivalent à U_1 pour X=**O**
Coup 2 : I_3=<!, **P**-!- $\forall$x$\forall$yRyx> Commence ici un nouveau jeu équivalent à U_1 pour X=**P**
Coup 3 : U_2=<?, **O**-?-$\forall$x/a>
Coup 4 : U_3=<!, **P**-!-$\forall$yRya > Commence ici un nouveau jeu équivalent à U_1 pour X=**P**
Coup 5 : U_2=<?, **O**-?-$\forall$y/b>
Coup 6 : U_2=<?, **P**-?-$\forall$x/b>
Coup 7 : U_3=<!, **O**-!-$\forall$yRby> Commence ici un nouveau jeu équivalent à U_1 pour X=**O**
Coup 8 : U_2=<?, **P**-?-$\forall$y/a>
Coup 9 : U_3=<!, **O**-!-Rba>
Coup 10 : U_3=<!, **P**-!-Rba>

Cas 38 : D($\exists y\forall xAxy\rightarrow\forall x\exists yAxy$)

	O			P	
				$\exists y\forall xAxy\rightarrow\forall x\exists yAxy$	0
1	$\exists y\forall xAxy$	0		$\forall x\exists yAxy$	2
3	?-$\forall x/a$	2		$\exists yAay$	4
5	?-$\exists$	4		Aab ☺	10
7	$\forall xAxb$		1	?-$\exists$	6
9	Aab		7	?-$\forall x/a$	8

Coup 0 : I_1=<thèse, **P**-!- $\exists y\forall xAxy\rightarrow\forall x\exists yAxy$>
Coup 1 : I_2=<?, **O**-!- $\exists y\forall xAxy$> Commence ici un nouveau jeu équivalent à E_1 pour X=**O**
Coup 2 : I_3=<!, **P**-!- $\forall x\exists yAxy$> Commence ici un nouveau jeu équivalent à U_1 pour X=**P**
Coup 3 : U_2=<?, **O**-?-$\forall x/a$>
Coup 4 : U_3=<!, **P**-!-$\exists yAay$ > Commence ici un nouveau jeu équivalent à E_1 pour X=**P**
Coup 5 : E_2=<?, **O**-?-$\exists$>
Coup 6 : E_2=<?, **P**-?-$\exists$>
Coup 7 : E_3=< !, **O**-!- $\forall xAxb$> Commence ici un nouveau jeu équivalent à U_1 pour X=**O**
Coup 8 : U_2=<?, **P**-?-$\forall x/a$>
Coup 9 : U_3=<!, **O**-!-Aab>
Coup 10 : E_3=<!, **P**-!-Aab>

Cas 39 : $D(\forall x(\forall xAx \to Ax) \to \forall xAx)$

	O				P	
					$\forall x(\forall xAx \to Ax) \to \forall xAx$	0
1	$\forall x(\forall xAx \to Ax)$	0			$\forall xAx$	2
3	?-$\forall x$/a	2				
5	$\forall xAx \to Aa$		1		?-$\forall x$/a	4
			5		$\forall xAx$	6

Branchement 1

	O				P	
					$\forall x(\forall xAx \to Ax) \to \forall xAx$	0
1	$\forall x(\forall xAx \to Ax)$	0			$\forall xAx$	2
3	?-$\forall x$/a	2				
5	$\forall xAx \to Aa$		1		?-$\forall x$/a	4
			5		$\forall xAx$	6
7	?-$\forall x$/b	6				
9	$\forall xAx \to Ab$		1		?-$\forall x$/b	8
					$\forall xAx$	10
11	?-$\forall x$/c					
					?-$\forall x$/c	12
					$\downarrow$	
					∞	

Branchement 2

	O				P	
					$\forall x(\forall xAx \to Ax) \to \forall xAx$	0
1	$\forall x(\forall xAx \to Ax)$	0			$\forall xAx$	2
3	?-$\forall x$/a	2				
5	$\forall xAx \to Aa$		1		?-$\forall x$/a	4
			5		$\forall xAx$	6
7	?-$\forall x$/a ☺	6				

Coup 0 : I_1=<thèse, **P**-!- $(\forall x(\forall xAx \to Ax) \to \forall xAx)$>
Coup 1 : I_2=<?, **O**-!- $\forall x(\forall xAx \to Ax)$> Commence ici un nouveau jeu équivalent à U_1 pour X=**O**

Coup 2 : I_3=<!, **P**-!- $\forall x Ax$>   Commence ici un nouveau jeu équivalent à U_1 pour X=**P**
Coup 3 : U_2=<?, **O**-?-$\forall x/a$>
Coup 4 : U_2=<?, **P**-?-$\forall x/a$>
Coup 5 : U_3=<!, **O**-!-($\forall x Ax \rightarrow Aa$)>   Commence ici un nouveau jeu équivalent à I_1 pour X=**O**
Coup 6 : I_2=<?, **P**- !-$\forall x Ax$>   Commence ici un nouveau jeu équivalent à U_1 pour X=**P**

Branchement 1	Branchement 1
Coup 7 : U_2=<?, **O**-?-$\forall x/b$>	Coup 7 : U_2=<?, **O**-?-$\forall x/a$>
Coup 8 : U_2=<?, **P**-?-$\forall x/b$>	
Coup 9 : U_3=< !, **O**-!-($\forall x Ax \rightarrow Ab$)> Commence ici un nouveau jeu équivalent à I_1 pour X=**O**	
Coup 10 : I_2=<?, **P**- !-$\forall x Ax$>	
Coup 11 : U_2=<?, **O**-?-$\forall x/c$>	
Coup 12 : U_2=<?, **P**-?-$\forall x/c$>	
$\rightarrow \infty$	

Remarque : On a, dans cette preuve, une application de la règle (RS-5), laquelle règle met en jeu les définitions de répétitions strictes de coups. On avait précisé, lors de l'exposé des règles structurelles, que cette, règle, quand elle est combinée à une procédure systématique adéquate, permet à **O** de trouver un dialogue fini, où il gagne s'il y en a un quand, autrement, le dialogue serait infini. Ici, cette procédure systématique fait qu'au coup 7, **O** produit deux jeux différents quand il attaque le quantificateur universel du coup 6 : dans l'un, il utilise une nouvelle constante, dans l'autre, il utilise la même. Il peut gagner dans les deux cas, dans le premier parce que le dialogue ne se termine ni ne clôt jamais, dans l'autre, parce que le dialogue est terminé mais pas clos.

Dans le premier branchement précisément, **O** attaque avec une nouvelle constante et permet à **P** de prolonger le jeu à l'infini en répétant son attaque contre le coup 1. En effet, en utilisant une constante différente mais pas nouvelle, **P** ne répète pas strictement une attaque. Par contre, dans le deuxième branchement, le jeu se termine mais ne clôt pas. En effet, **O** attaque le coup 6 avec la même constante. **P** ne peut donc plus attaquer le coup 1 puisqu'il devrait le faire avec une nouvelle constante, ou avec la même que son attaque précédente, effectuant ainsi une répétition stricte (voir (**Définition 9**)a), ce qui est interdit par (RS-5).

Cas 40 : $D(\neg\forall x\exists x Axy)$

	O			P	
				$\neg\forall x\exists x Axy$	0
1	$\forall x\exists x Axy$	0			
3	$\exists x Axa$		1	?-$\forall x/a$	2
			3	?-$\exists$	4

Branchement 1

	O			P	
				$\neg\forall x\exists x Axy$	0
1	$\forall x\exists x Axy$	0			
3	$\exists x Axa$		1	?-$\forall x/a$	2
5	Aba		3	?-$\exists$	4
7	$\exists x Axb$		1	?-$\forall x/b$	6
9	Acb		7	?-$\exists$	8
			1	?-$\forall x/c$	10
				$\downarrow$	
				∞	

Branchement 2

	O			P	
				$\neg\forall x\exists x Axy$	0
1	$\forall x\exists x Axy$	0			
3	$\exists x Axa$		1	?-$\forall x/a$	2
5	Aaa		3	?-$\exists$	4

Coup 0 : N_1=<thèse, **P**-!-$(\neg\forall x\exists x Axy)$>
Coup 1 : N_2=<?, **O**-!-$(\forall x\exists x Axy)$>   Commence ici un nouveau jeu équivalent à U_1 pour X=**O**
Coup 2 : U_2=<?, **P**-?-$\forall x/a$>
Coup 3 : U_3=<!, **O**-!-$(\exists x Axa)$>   Commence ici un nouveau jeu équivalent à E_1 pour X=**O**
Coup 4 : E_2=<?, **P**- ?-$\exists$>

Branchement 1	Branchement 1

Coup 5 : E_3=<!, **O**-!- Aba>	Coup 5 : E_3=<!, **O**-!- Aaa>
Coup 6 : U_2=<?, **P**-?-$\forall$x/b>	
Coup 7 : U_3=<!, **O**-!-($\exists$xAxb)> Commence ici un nouveau jeu équivalent à E_1 pour X=**O**	
Coup 8 : E_2=<?, **P**- ?-$\exists$>	
Coup 9 : E_3=<!, **O**-!- Acb>	
Coup 10 : U_2=<?, **P**-?-$\forall$x/c>	
$\rightarrow \infty$	

Remarque : La stratégie pour **O** est similaire à celle du cas 37, bien que cette fois il s'agisse non plus d'attaquer un quantificateur universel, mais de défendre, au coup 5, un quantificateur existentiel. Dans l'une des branches, **O** se défend avec la même constante. **P** ne peut donc attaquer de nouveau 1 dans la seconde branche car il doit attaquer l'universelle avec une constante qui est nouvelle, et ce serait là une répétition stricte d'une attaque (voir (**RS-5**)). De la même manière que dans le cas 37, **O** gagne et la formule n'est donc pas valide.

I.3. Logique dialogique modale (propositionnelle)

On obtient une logique modale propositionnelle en enrichissant le langage pour la logique propositionnelle à l'aide de deux nouvelles constantes logiques : □ et ◊, qu'on appelle habituellement opérateurs modaux, et qui tiennent respectivement pour « il est nécessaire que » et « il est possible que ». Pour comprendre ces opérateurs, on doit tenir compte du fait que la logique modale propositionnelle est toujours traitée au sein d'une *structure* S=<W,R>, laquelle structure contient un ensemble W de *mondes possibles* et un ensemble R de *relations d'accessibilités* entre ces mondes. De façon intuitive, on explique maintenant comment comprendre ces notions et ces deux opérateurs modaux.

Par exemple, Aristote ayant, de fait, été le précepteur d'Alexandre, on acceptera généralement l'énoncé « Aristote a été le précepteur d'Alexandre ». On pourrait néanmoins considérer que sous certaines circonstances - si par exemple Philippe avait décidé d'enseigner lui-même à son fils pour telle ou telle raison – le cours de l'histoire aurait été autrement. On accepterait alors l'énoncé « sous certaines circonstances, Aristote n'aurait pas été le précepteur d'Alexandre ». On exprime ceci à l'aide des opérateurs du langage pour la logique modale propositionnelle : ◊¬p. Ce qu'on veut dire, c'est qu'il est possible de concevoir un état de faits dans lequel il n'est pas le cas que « p », contrairement à notre monde.

Les opérateurs modaux permettent ainsi d'exprimer le fait que la proposition en question doit être évaluée relativement à un autre contexte que celui dans lequel on parle : ce qu'on appelle communément dans la littérature un *monde possible*[4]. Un monde où Aristote n'est pas le précepteur d'Alexandre, c'est un monde possible, un état de faits stipulé, décrit, avec des informations pertinentes.

Schématiquement, on peut représenter un ensemble de mondes possibles avec des points qui tiennent chacun pour un monde. On a par exemple ici la représentation d'une structure dans laquelle l'ensemble W :

$$W = \{w_0, w_1, w_2\}$$

contient trois mondes possibles, trois contextes :

---

[4] La notion de monde possible, très discutée dans la littérature, remonte en fait à Leibniz qui distinguait les vérités factuelles qui tiennent seulement dans le monde dans lequel on vit, et les vérités rationnelles qui tiennent dans tous les mondes que Dieu aurait pu créer. Afin de ne pas s'engager dans les discussions concernant la notion de monde possible, on aura ici tendance à lui préférer la notion de contexte.

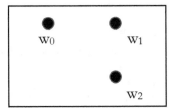

On peut ainsi considérer les opérateurs modaux comme des quantificateurs sur les mondes possibles : « □ » signifie « pour tout monde possible », « ◊ » signifie « pour au moins un monde possible ». Cependant, pour évaluer une formule, on ne doit pas tenir compte de tous les mondes. C'est pourquoi, d'un point de vue formel, on introduit la notion de *relation d'accessibilité*. On pourrait dire, en quelque sorte, qu'un monde w_1 est par exemple accessible depuis w_0 si l'information contenue en w_1 est disponible à w_0.

Les *opérateurs modaux* concernent ainsi des *mondes possibles* et les *accessibilités* qu'il y en a entre eux. La réunion des ensembles W (de mondes possibles) et R (de relations d'accessibilités entre ces mondes) constitue une *structure*. Sur base du schéma précédent, on représente ces accessibilités, qui ne sont autres que des relations binaires entre des mondes, au moyen de flèches :

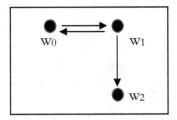

On a ici la représentation d'une structure qui contient toujours le même ensemble W auquel on ajoute un ensemble R de relations d'accessibilités noté formellement R = $\{w_0 R w_1, w_1 R w_0, w_1 R w_2\}$. Autrement dit, dans la structure, depuis w_0 on a accès à w_1, depuis w_1 on a accès à w_0 et w_2, depuis w_2 on n'a accès à aucun monde. Si l'on veut évaluer une formule précédée d'un opérateur de possibilité « ◊ » ou de nécessité « □ » depuis le contexte w_0, on doit tenir compte du contexte w_1, si l'on se place dans le contexte w_1, on doit tenir compte des contextes w_0 et w_2 (dans ce dernier cas, une formule précédée d'un opérateur de possibilité devra être justifiée à au moins un des deux w_0 et w_2, tandis qu'une formule précédée d'un opérateur de nécessité devra être justifiée à ces deux mondes).

Conformément à la méthode adoptée dans ce livre, on expose immédiatement les règles de la logique dialogique pour la logique modale propositionnelle. Une application immédiate sera en effet l'occasion de saisir comment les dialogues permettent d'interpréter les opérateurs modaux et de rendre compte clairement des relations d'accessibilités. On verra notamment que, de façon analogue aux quantificateurs de la logique de premier ordre, c'est celui qui attaque une nécessité qui a le choix du monde possible où l'assertion doit être justifiée. C'est en revanche celui qui défend une possibilité qui opère ce choix.

I.3.1 Règles de particule

Type	Nécessaire : □	Explications :
Assertion	$X\text{-!-}\square A[w_k]$	Ici le joueur X asserte □A dans le contexte w_k et doit maintenant se défendre (!). Il affirme en effet, par □A, qu'il peut justifier que A se vérifie dans tous les mondes accessibles à partir de w_k.
Attaque L'attaque est une question	$Y\text{-?-}\square[w_i]$	Comment l'attaquer ? Précisément, s'il dit que A est le cas dans tous les mondes, alors le joueur Y va choisir un monde w_i où X devra justifier que
Défense La défense est une assertion qui doit être défendue	$X\text{-!-}A[w_i]$	A ($Y\text{-?-}\square[w_i]$). La défense consiste à donner cette justification : $X\text{-!-}A[w_i]$.

Type	Possible : $\Diamond$	Explications :
Assertion	X-!-$\Diamond A[w_k]$	Ici le joueur X asserte $\Diamond A$ dans le contexte w_k et doit maintenant se défendre (!). Il affirme en effet, par $\Diamond A$, qu'il peut justifier que A se vérifie dans au moins un monde accessible depuis w_k. Comment l'attaquer ? On lui demande de choisir un monde (Y-?-$\Diamond$) et de justifier que A est le cas dans ce monde. La défense consiste alors à donner cette justification : X-!-$A[w_i]$.
Attaque L'attaque est une question	Y-?-$\Diamond$	
Défense La défense est une asser-	X-!-$A[w_i]$	

On notera que dans le déroulement d'un dialogue, seul l'opposant peut introduire de nouvelles relations d'accessibilité. En effet, **P** ne peut défendre une attaque sur un opérateur de possibilité si **O** n'a pas préalablement introduit un contexte accessible. De même, il ne peut attaquer un opérateur de nécessité qu'en reprenant les relations concédées préalablement par **O**.

Tout comme en ce qui concerne les quantificateurs en logique de premier ordre, où l'attaque et la défense peuvent induire certains choix des joueurs, on doit dire un mot de la stratégie à adopter pour l'attaque et la défense d'un opérateur. Ce point s'éclaircira lors de la mise en pratique dans les exercices :

Nécessité : Si X fait l'assertion, c'est à Y de choisir le contexte :
  o Si X=**P**, Y choisit un nouveau contexte en introduisant une nouvelle relation d'accessibilité.
  o Si X=**O**, Y ne peut choisir qu'un contexte dont l'accessibilité a déjà été concédée par X.

Possibilité : Si X fait l'assertion, c'est à X de choisir le contexte :
  o Si X=**O**, X choisit un nouveau contexte en introduisant une nouvelle relation d'accessibilité.
  o Si X=**P**, X ne peut choisir qu'un contexte dont l'accessibilité a déjà été concédée par Y.

I.3.2 Règles structurelles

On doit également adapter au cas de la logique modale la règle structurelle **RS-3** pour l'usage des formules atomiques :

RS-3$_{\text{modale}}$ (*Usage formel des formules atomiques*) : Le proposant ne peut jouer une formule atomique dans un contexte i que si la même formule atomique a déjà été concédée dans le même contexte i par l'opposant. On ne peut attaquer les formules atomiques.

I.3.3 Exercices

On indique les contextes (w_0, w_1...) dans deux colonnes placées aux extrémités du cadre : les colonnes « w ».

Cas 41 : $D(\Box(p \rightarrow p))$

w		O				P		w
						$\Box(p \rightarrow p)$	0	w_0
w_0	1	$?\Box\ w_1$	0			$(p \rightarrow p)$	2	w_1
w_1	3	p	2			p ☺	4	w_1

Description des coups	Construction des relations d'accessibilités
Coup 0 : **P** asserte $\Box(p \rightarrow p)$ à w_0.	● w_0
Coup 1 : **O** construit une relation d'accessibilité depuis w_0 vers w_1 en attaquant l'opérateur de nécessité.	w_0 ●———→● w_1
Coup 2 : **P** répond à w_1.	
Coup 3 : **O** attaque la conditionnelle du coup 2 à w_1 en concédant l'antécédent à w_1.	
Coup 4 : **P** répond à l'attaque à w_1.	

Remarque : Ici **P** asserte $\Box(p \rightarrow p)$ dans le contexte w0 et doit donc justifier $p \rightarrow p$ dans le contexte choisi par **O** et dont l'accessibilité a été concédée lorsque **O** attaque la thèse au coup 1. Au coup 4, **P** peut jouer la formule atomique p au contexte w_1 seulement dans la mesure où **O** a déjà concédé cette formule atomique p au contexte w_1 au coup 3.

Cas 42 : $D(\Diamond p \rightarrow p)$

w		O				P		w
						$\Diamond p \rightarrow p$	0	w_0
w_0	1	$\Diamond p$	0					
w_1	3	p		1		? $\Diamond$	2	w_0

Coup 0 : **P** asserte $\Diamond p \to p$ à w_0	● w_0
Coup 1 : **O** attaque la conditionnelle du coup 0 à w_0 en concédant l'antécédent à w_0.	
Coup 2 : **P** contre-attaque l'assertion de **O** en demandant qu'il la justifie dans le contexte de son choix.	
Coup 3 : **O** choisit le contexte w_1 en construisant une relation d'accessibilité depuis w_0 vers w_1.	w_0 ●——————→● w_1

Remarque : Ici **P** perd parce qu'il a besoin d'une accessibilité ($w_0 R w_0$) que le proposant n'est pas prêt à concéder.

Ici, d'un point de vue stratégique, **O** concède p à w1 puisque **P** a besoin de p à w_0 pour justifier le conséquent de $\Diamond p \to p$, thèse qu'il asserte à w_0.

Cas 43 : $D(p \to \Box p)$

w	O			P		w
				$p \to \Box p$	0	w_0
w_0	1	p	0	$\Box p$	2	w_0
w_0	3	$? \, \Box w_1$	2			

Coup 0 : **P** asserte $p \to \Box p$ à w_0.	● w_0
Coup 1 : **O** attaque la conditionnelle du coup 0 à w_0.	
Coup 2 : **P** répond à w_0.	
Coup 3 : **O** attaque l'assertion de **P** en lui demandant de justifier p dans le contexte w_1, construisant par la même une relation depuis w_0 vers w_1.	w_0 ●——————→● w_1

Remarque : Ici, bien que **O** ait concédé la relation d'accessibilité vers le monde w_1, il ne concède p qu'à w_0. **P** ne peut donc jouer p à w_1 et perd.

Cas 44 : D(□p→□p)

w	O				P		w
					□p→□p	0	w_0
w_0	1	□p	0		□p	2	w_0
w_0	3	? □w_1	2		p ☺	6	w_1
w_1	5	p		3	? □w_1	4	w_0

Coup 0 : **P** asserte □p→□p à w_0.	● w_0
Coup 1 : **O** attaque la conditionnelle du coup 0 à w_0.	
Coup 2 : **P** répond à w_0.	
Coup 3 : **O** attaque l'assertion de **P** en lui demandant de justifier p dans le contexte w_1, construisant par la même une relation depuis w_0 vers w_1.	w_0 ●⟶● w_1
Coup 4 : **P** utilise la relation d'accessibilité construite par **O** en demandant à son tour que **O** justifie p à w_1.	
Coup 5 : **O** répond à w_1.	
Coup 6 : **P** répond avec la même atomique à w_1.	

Cas 45 : D(◊p→□ p)

w	O				P		w
					◊p→□p	0	w_0
w_0	1	◊p	0		□p	2	w_0
w_0	3	? □w_1	2				
w_2	5	p		1	?◊	4	w_0

Coup 0 : **P** asserte ◊p→□p à w_0.	● w_0
Coup 1 : **O** attaque la conditionnelle du coup 0 à w_0.	
Coup 2 : **P** répond à w_0.	

Coup 3 : **O** attaque l'assertion de **P** en lui demandant de justifier p dans le contexte w_1.	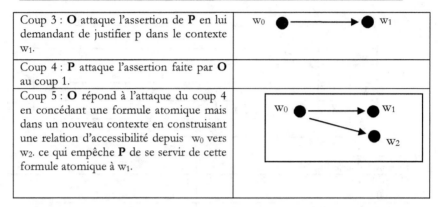
Coup 4 : **P** attaque l'assertion faite par **O** au coup 1.	
Coup 5 : **O** répond à l'attaque du coup 4 en concédant une formule atomique mais dans un nouveau contexte en construisant une relation d'accessibilité depuis w_0 vers w_2. ce qui empêche **P** de se servir de cette formule atomique à w_1.	

Cas 46 : $D(\lozenge p \rightarrow \lozenge p)$

w		O			P		w
					$\lozenge p \rightarrow \lozenge p$	0	w_0
w_0	1	$\lozenge p$	0		$\lozenge p$	2	w_0
w_0	3	?$\lozenge$	2		p ☺	6	w_1
w_1	5	p		3	?$\lozenge$	4	w_0

La relation d'accessibilité depuis w_0 vers w_1 est établie dans le coup 5.

Cas 47 : $D(\square(p \rightarrow q) \rightarrow (\square p \rightarrow \square q))$

w		O			P		w
					$\square(p \rightarrow q) \rightarrow (\square p \rightarrow \square q)$	0	w_0
w_0	1	$\square(p \rightarrow q)$	0		$\square p \rightarrow \square q$	2	w_0
w_0	3	$\square p$	2		$\square q$	4	w_0
w_0	5	?$\square w_1$	4		q ☺	12	w_1
w_1	7	$p \rightarrow q$		1	?$\square w_1$	6	w_0
w_1	9	p		3	?$\square w_1$	8	w_0
w_1	11	q		7	p	10	w_1

O construit une relation d'accessibilité dans le coup 5 et **P** profite de cette relation dans les coups 6 et 8.

Cas 48 : $D((\Box p \wedge \Box q) \rightarrow \Box(p \wedge q))$

w		O			P		w
					$(\Box p \wedge \Box q) \rightarrow \Box(p \wedge q)$	0	w_0
w_0	1	$(\Box p \wedge \Box q)$	0		$\Box(p \wedge q)$	2	w_0
w_0	3	$?\Box w_1$	2		$p \wedge q$	4	w_1
w_1	5	$?\text{-}\wedge_1$	4		p	12	w_1
w_0	7	$\Box p$		1	$?\text{-}\wedge_1$	6	w_1
w_0	9	$\Box q$		1	$?\text{-}\wedge_2$	8	w_1
w_1	11	P		7	$?\Box w_1$	10	w_0
w_1	13	$?\text{-}\wedge_2$	4		q☺		
w_1	15	q		9	$?\Box w_1$	14	w_0

O construit une relation d'accessibilité dans le coup 3 et **P** profite de cette relation dans les coups 10 et 14.

I.3.4 Relations et Structures

Dans les exercices précédents, on a établi les preuves dialogiques des formules sans tenir compte du fait que les structures pouvaient avoir certaines propriétés. En fait, c'est comme si l'on avait implicitement opéré dans le cadre d'un système dans lequel on n'impose pas de conditions particulières à la structure. Mais il est tout à fait possible, et c'est là un point intéressant de l'usage de la logique modale, de placer des conditions mathématiques simples sur les structures. Dans le cas de la logique modale propositionnelle qu'on traite ici, on s'en tient à des conditions qui portent sur les relations d'accessibilité, lesquelles peuvent être symétriques (si wRw', alors w'Rw), réflexives (pour tout w, wRw), transitives (si wRw' et wRw'', alors wRw''), ou combiner ces types de relations.

Par conséquent, on prouve toujours la validité d'une formule de la logique modale relativement à une structure et la définition de la validité doit donc être donnée en relation à la notion de structure :

(Définition 10) Valide sur une structure : une formule φ est valide sur une structure si elle est vraie à chaque contexte d'une telle structure. Autrement dit, quel que soit le contexte de la structure depuis lequel la thèse est énoncée, **P** a une stratégie gagnante pour φ si et seulement si φ est valide.

De façon plus générale, une formule est **valide** si, étant donné un ensemble de structures, φ est valide sur toutes les structures de cet ensemble.

Dans ce qui suit, on va voir que la validité de certaines formules caractérise certains types de structures. En effet, pour certaines formules, si **P** a une stratégie gagnante pour les formules en questions, alors on peut en tirer des conditions spécifiques sur la structure.

Par exemple, quand tout contexte est accessible depuis lui-même, on dit que la structure est réflexive. Ce type de structure est caractérisé par la formule $\square A \rightarrow A$ telle que si **P** a une stratégie gagnante, alors la structure est réflexive. Un système qui valide une telle formule est habituellement appelé T :

Système T

(Structure réflexive)

On analyse la formule suivante $\Box A \rightarrow A$:

w		O			P		w
					$\Box A \rightarrow A$	0	w_0
w_0	1	$\Box A$	0				

P perd parce qu'il ne peut pas attaquer l'opérateur de nécessité du coup 1. En effet, **O** n'ayant pas encore concédé de relation d'accessibilité, **P** n'en a aucune à disposition.

Néanmoins, si comme dans le dialogue suivant on concède à **P** la possibilité d'attaquer le coup 1 en utilisant une relation $w_0 R w_0$, qui n'a pas été construite par **O**, alors il aura une stratégie gagnante pour la formule. Ceci signifie en fait que **P** ne peut gagner le dialogue que si tout contexte est accessible depuis lui-même. Une structure construite avec de telles relations d'accessibilité est habituellement appelée structure réflexive.

w		O			P		w
					$\Box A \rightarrow A$	0	w_0
w_0	1	$\Box A$	0		A ☺	4	w_0
w_0	3	A		1	? $\Box w_0$	2	w_0

Détail	Exemple
Coup 0 : **P** asserte $\Box A \rightarrow A$ à w_0.	
Coup 1 : **O** attaque la conditionnelle du coup 0 à w_0 en concédant l'antécédent.	
Coup 2 : **P** contre-attaque l'assertion de **O** en 1 en lui demandant de justifier A dans le contexte w0. Il utilise la relation d'accessibilité réflexive.	⊆● w_0
Coup 3 : **O** répond A à w_0.	⊆● w_0
Coup 4 : **P** répond à l'attaque du coup 1 en utilisant à w_0 la formule atomique A, concédée par **O** à w_0.	

Pour les besoins de la preuve ci-dessus, on remarquera qu'il suffit de considérer une structure avec un seul contexte accessible depuis lui-même. Ce n'est cependant ici qu'une construction possible parmi toutes les structures réflexives envisageables. En effet, les structures réflexives regroupent toutes les structures telles que pour n'importe quel contexte choisi, ce contexte est accessible depuis lui-même (qu'il y ait un, deux, trois, ou plus, de contextes).

On notera que les lettres majuscules dans les formules qu'on présente ici tiennent pour des formules quelconques, qu'elles soient atomiques ou complexes. Si l'on remplace les lettres majuscules par des formules, n'importe lesquelles, on obtient des formules pour lesquelles **P** a une stratégie gagnante. Par exemple, dans une structure réflexive, quelle qu'elle soit, **P** aura toujours une stratégie gagnante pour $\Box(p\wedge q)\rightarrow(p\wedge q)$, ou encore $\Box\Diamond(p\wedge q)\rightarrow\Diamond(p\wedge q)$, etc. Un système qui valide toutes ces formules, construites sur base de $A\rightarrow A$, s'appelle **T** (structures réflexives).

Relation d'accessibilité concédée	$\Longrightarrow$
Relation d'accessibilité construite par **O**	$\longrightarrow$

De la même manière, il existe différents systèmes en logique modale. On va en voir quelques un et montrer comment on prouve que leur validité dit quelque chose de la structure. Par exemple, la formule présentée au cas 47 de la section *Illustrations*, $\Box(p\rightarrow q)\rightarrow(\Box p\rightarrow\Box q)$, peut représenter une structure modale normale :

Système K

(Structure normale – pas de condition)

On dit que le système K est normal, c'est-à-dire qui accepte la nécessitation et c'est là la seule condition de ce système. Ainsi, outre la nécessitation, il n'y a pas de condition spécifique imposée sur les structures du système K :

w	O				P		w
					$\Box(A{\to}B){\to}(\Box A{\to}\Box B)$	0	w_0
w_0	1	$\Box(A{\to}B)$	0		$\Box A{\to}\Box B$	2	w_0
w_0	3	$\Box A$	2		B	4	w_0
w_0	5	? $\Box w_1$	4		B ☺	12	w_1
w_1	7	A		3	? $\Box w_1$	6	w_0
w_1	9	$A{\to}B$		1	? $\Box w_1$	8	w_0
w_1	11	B		9	A	10	w_1

Détail	Exemple
O introduit dans le coup 5 une relation d'accessibilité depuis w_0 vers w_1.	w_0 ●————→● w_1
P utilise cette relation dans les coups 6 et 8.	

Remarque : Les formules atomiques ne peuvent être jouées par **P** à un contexte quelconque que si cette même formule a été concédée par **O** au même monde.

Système D

(Structure sérielle)

Quel que soit le contexte, **P** dispose toujours d'une relation d'accessibilité vers un nouveau contexte, nécessairement différent du contexte dans lequel la formule modale est assertée.

Si **P** a une stratégie gagnante pour $\Box A{\to}\Diamond A$, alors la structure est sérielle.

w	O				P		w
					$\Box A{\to}\Diamond A$	0	w_0
w_0	1	$\Box A$	0		$\Diamond A$	2	w_0
w_0	3	?$\Diamond$	2		A ☺	6	w_1
w_1	5	A		1	? $\Box w_1$	4	w_0

Détail	Exemple
Au coup 4, **P** a la concession d'attaquer le coup 1 en utilisant $w_0 R w_1$.	w_0 ●————→● w_1
Au coup 6, **P** peut ainsi reprendre la formule atomique A concédée par **O** à w_1 et il gagne.	

Remarque : Si au coup 4 **P** a le droit d'attaquer le coup 1, alors il a une stratégie gagnante pour cette formule et la structure est sérielle. S'il ne peut pas, alors il perd et la structure n'est pas sérielle.

On notera ici que ce type de structure est l'unique cas dans lequel **P** a toujours le droit d'introduire un nouveau contexte.

Système KB

(Structure symétrique)

Quels que soient les contextes, si **O** construit une relation wRw', il concède du même coup une relation w'Rw.

Si **P** a une stratégie gagnant pour la formule $A \rightarrow \Box\Diamond A$, alors la structure est symétrique :

w	O			P		w
				$A \rightarrow \Box\Diamond A$	0	w_0
w_0	1	A	0	$\Box\Diamond A$	2	w_0
w_0	3	? $\Box w_1$	2	$\Diamond A$	4	w_1
w_1	5	?$\Diamond$	4	A ☺	6	w_0

Détail	Exemple
Dans le coup 3, **O** construit la relation d'accessibilité depuis w_0 vers w_1.	
Dans le coup 6 **P** répond à l'attaque du coup 5 en utilisant la concession de pouvoir retourner à w_0 (relation d'accessibilité depuis w_1 vers w_0).	

Remarque : Si au coup 6 **P** a le droit de répondre A à w_0 en utilisant une relation w_1Rw_0, alors il a une stratégie gagnante pour cette formule et la structure est symétrique. S'il ne peut pas, alors il perd et la structure n'est pas symétrique. En effet, **O** ayant construit la relation d'accessibilité w_0Rw_1, il concède à **P** la possibilité d'utiliser la relation inverse w_1Rw_0.

Système K5

(structure euclidienne)

Quels que soient trois contextes w, w', w", si **O** construit une relation wRw' et une relation wRw", il concède du même coup les relations w'Rw" et w"Rw'.

Si **P** a une stratégie gagnant pour la formule $\Diamond A \rightarrow \Box \Diamond A$, alors la structure est euclidienne :

w		O			P		w
					$\Diamond A \rightarrow \Box \Diamond A$	0	w_0
w_0	1	$\Diamond A$	0		$\Box \Diamond A$	2	w_0
w_0	3	? w_1	2		$\Diamond A$	4	w_1
w_1	5	?$\Diamond$	4		A ☺	8	w_2
w_2	7	A		1	?$\Diamond$	6	w_0

Détail	Exemple
Au coup 3, **O** construit une relation $w_0 R w_1$ en attaquant la nécessité.	
Au coup 7, **O** construit une relation $w_0 R w_2$ en défendant la possibilité.	
Au coup 8, **P** utilise la relation $w_1 R w_2$ concédée par **O** lorsqu'il a construit successivement les relations $w_0 R w_1$ et $w_0 R w_2$.	

Remarque : Si au coup 8 **P** a le droit de répondre A à w_2, alors il a une stratégie gagnante pour cette formule et la structure est euclidienne. S'il ne peut pas, alors il perd et la structure n'est pas euclidienne. En effet, **O** ayant construit les relations d'accessibilité $w_0 R w_1$ et $w_0 R w_2$, il concède à **P** la possibilité d'utiliser la relation $w_1 R w_2$, et $w_2 R w_1$.

Système K4

(Structure transitive)

Quels que soient trois contextes w, w', w", si **O** construit une relation wRw' et une relation w'Rw", il concède du même coup les relations wRw".

Si **P** a une stratégie gagnant pour la formule $\Box A \rightarrow \Box\Box A$, alors la structure est transitive :

w		O			P		w
					$\Box A \rightarrow \Box\Box A$	0	w_0
w_0	1	$\Box A$	0		$\Box\Box A$	2	w_0
w_0	3	? $\Box w_1$	2		$\Box A$	4	w_1
w_1	5	? $\Box w_2$	4		A ☺	8	w_2
w_2	7	A		1	? $\Box w_2$	6	w_0

Détail	Exemple
Au coup 3, **O** construit une relation $w_0 R w_1$ en attaquant la nécessité.	
Au coup 5, **O** construit une relation $w_1 R w_2$ en défendant la possibilité.	
Dans le coup 6 **P** utilise la concession $w_0 R w_2$	

Remarque : Si au coup 6 **P** a le droit d'attaquer la nécessité dans le coup 1 en utilisant la relation $w_0 R w_2$, alors il a une stratégie gagnante pour cette formule et la structure est transitive. En effet, **O** ayant construit les relations d'accessibilité $w_0 R w_1$ et $w_1 R w_2$, il concède à **P** la possibilité d'utiliser la relation $w_0 R w_2$.

Système S4

(Structure réflexive et transitive)
Les concessions de **O** introduites lorsqu'il construit des relations sont les mêmes que dans les cas de T et K4 prises ensembles.

Si **P** a une stratégie gagnant pour la formule $\Box A \rightarrow \Diamond\Box\Diamond\Box\Diamond A$, alors la structure est réflexive et transitive :

w		O			P		w
					$\Box A \rightarrow \Diamond\Box\Diamond\Box\Diamond A$	0	w_0
w_0	1	A	0		$\Diamond\Box\Diamond\Box\Diamond A$	2	w_0
w_0	3	?$\Diamond$	2		$\Box\Diamond\Box\Diamond A$	4	w_0
w_0	5	? $\Box w_1$	4		$\Diamond\Box\Diamond A$	6	w_1
w_1	7	?$\Diamond$	6		$\Box\Diamond A$	8	w_1
w_1	9	? $\Box w_2$	8		$\Diamond A$	10	w_2
w_2	11	?$\Diamond$	10		A ☺	14	w_2
w_2	13	A		1	? $\Box w_2$	12	w_0

Détail	Exemple
Au coup 4, **P** répond en se servant de la relation $w_0 R w_0$ concédée (réflexivité).	
Au coup 5, **O** construit une relation $w_0 R w_1$.	
Au coup 8, **P** répond en se servant de la relation $w_1 R w_1$ concédé (réflexivité).	
Au coup 9, **O** construit une relation $w_1 R w_2$.	
Au coup 12, **P** attaque la nécessité du coup 1 avec une relation $w_0 R w_2$ concédée par **O** (transitivité).	

Au coup 14, **P** répond en se servant de la relation w_2Rw_2 concédée (réflexivité).

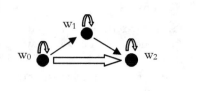

Remarque : Si aux coups 4, 8 et 14, **P** a le droit de répondre aux attaques en w_0, w_1, w_2, respectivement, et qu'il a la possibilité au coup 12 d'attaquer la nécessité du coup 1 avec une relation w_0Rw_2, alors il a une stratégie gagnante pour cette formule et la structure est réflexive et transitive. En effet, **O** concède la réflexivité et dès lors **P** défend ses opérateurs de possibilité avec les relations w_0Rw_0, w_1Rw_1 et w_2Rw_2. Par ailleurs, **O** ayant construit deux relations w_0Rw_1 et w_1Rw_2, il concède du même coup à **P** la possibilité d'utiliser une relation w_0Rw_2.

Cadre récapitulatif 6

Système logique	Conditions sur la structure	Schéma d'argument Caractéristique
K	Aucune condition sur la structure	$\Box(A \to B) \to (\Box A \to \Box B)$
T	Réflexivité	$\Box A \to A$
D	Sérialité	$\Box A \to \Diamond A$
KB	Symétrie	$A \to \Box \Diamond A$
K5	Euclidianité	$\Diamond A \to \Box \Diamond A$
K4	Transitivité	$\Box A \to \Box \Box A$
S4	Réflexivité et Transitivité	$\Box A \to \Diamond \Box \Diamond \Box \Diamond A$

II. Dialogues et Jeux pour la logique classique et intuitionniste[5]

II.1 Logique propositionnelle

Étant donné un ensemble **prop** dénombrable d'atomes propositionnels (dénotés p, q, ...), on considère la logique propositionnelle (**LP**) avec les connecteurs que sont la conjonction ($\wedge$), la disjonction ($\vee$), la négation ($\neg$). (Par « dénombrable » on veut dire « fini ou de cardinalité $\aleph 0$ »). La sémantique de **LP** est définie comme d'habitude, relativement aux modèles.

$$M : \mathbf{prop} \rightarrow \{\text{vrai, faux}\}$$

Un tel modèle M partitionne l'ensemble des atomes propositionnels en deux classes : ceux qui sont vrais dans le modèle et ceux qui sont faux.

Le signe de la conditionnelle ($\rightarrow$) n'apparaît pas dans la syntaxe. Pour la logique propositionnelle classique ceci n'est pas une restriction, puisque la conditionnelle peut être défini à partir de la disjonction et de la négation :

$$A \rightarrow B \Leftrightarrow \neg A \vee B.$$

Pour la logique intuitionniste ceci est une véritable restriction, puisque de ce point de vue, la conditionnelle n'est pas définissable à partir d'autres connecteurs. En particulier, et on le verra à partir du paragraphe sur la dialogique intuitionniste, de

$$A \rightarrow B$$

il suit dans la logique intuitionniste que

$$\neg A \vee B$$

mais le sens inverse n'est pas valable.

---

[5] Cette deuxième partie est extraite d'un livre inédit de Shahid Rahman et Tero Tulenheimo intitulé *Frames and Validity*. A ce sujet, nous remercions Aude Popek, Virginie Fiutek et Gildas Nzokou pour leur investissement et leur participation à la traduction du texte originalement en anglais.

La notion de *sous-formule* (propre) est définie de cette façon :

Sub(p) = $\varnothing$;
Sub(A∨B) = Sub(A→B) = Sub(A∧B) = {A, B} ∪ Sub(A) ∪ Sub(B); et
Sub(¬A) = {A}∪ Sub(A).

On dit qu'une formule propositionnelle A est une *forme normale négative*, si le signe de la négation (¬) apparaît dans A et s'il préfixe une sous-formule atomique. Il n'est pas difficile de vérifier que toute formule propositionnelle a un équivalent en forme normale négative :

> **Fait 1** :
> Pour toute formule A du langage propositionnel, il y a une formule B du même langage telle que B est sous une forme normale négative et A lui est logiquement équivalente.

II.2 Logique de premier ordre

Soit τ un vocabulaire fini, c'est-à-dire un ensemble fini de constantes k_0, k_1..., et de symboles de relation R_0, R_1... Chaque symbole de relation est associé à un nombre naturel positif qu'on appelle *arité*.

Soit un ensemble de variables individuelles, $Var = \{x_0, x_1, \ldots\}$, fixé. Les constantes et les variables sont des *termes* (t_i). Les formules atomiques de premier ordre sont des suites de symboles de la forme :
$R_i t_1 \ldots t_n$
où R_i est *n*-aire, et où chaque t_j est un terme.

La classe des formules du vocabulaire de la logique de premier ordre τ, ou **LPO[τ]**, est obtenue par la clôture de l'ensemble des formules atomiques sous la conjonction, la disjonction, la conditionnelle et la négation, ainsi que sous la quantification universelle et la quantification existentielle.

On utilise les lettres capitales A, B, C... du début de l'alphabet pour indiquer des formules arbitraires (complexes ou atomiques).
La notion de *sous-formule* (propre) est obtenue en élargissant la définition de sous-formule d'une formule **LP** par les clauses suivantes :

Sub($\forall x_1$B) = Sub($\exists x_1$B) = {B}∪ Sub(B).

L'ensemble *libre* [B] des variables *libres* d'une formule est défini récursivement comme d'habitude :

- *libre*[$R_i t_1 \ldots t_n$] = $\{t_1 \ldots t_n\} \cap \mathrm{V}ar$.
- *libre*[$\neg$B] = *libre* [B].
- *libre*[B$\wedge$C] = *libre*[B$\vee$C] = *libre*[B$\rightarrow$C] = *libre*[B]$\cup$*libre*[C].
- *libre*[$\forall x_1$B] = *libre*[$\exists x_1$B] = *libre*[B]$\setminus \{x_i\}$.

Les formules dont l'ensemble des variables libres est vide sont des *phrases*. On écrira parfois A($x_1 \ldots x_n$) pour indiquer que $x_1 \ldots x_n$ sont parmi les variables libres de A.

La sémantique de **LPO[τ]** est définie relativement aux **structures** τ, c'est-à-dire d'après des structures **M** comportant un domaine **D** non vide accompagné d'une fonction d'interprétation pour les symboles apparaissant dans le vocabulaire τ : l'interprétation d'une constante dans la structure est simplement un élément du domaine, l'interprétation d'un symbole de relation quant à elle est une relation définie sur le domaine, c'est-à-dire un sous-ensemble du produit **M^n**. Les variables libres sont reliées au domaine au moyen des fonctions d'assignation.

On ne s'étend pas ici sur les détails de la sémantique de premier ordre.

La forme normale négative résultant du Fait 1 s'étend directement à **LPO[τ]**, c'est-à-dire à la syntaxe du premier ordre.

> **Fait 2** :
> Pour toute formule A de **LPO[τ]** il existe une formule B du même langage telle que B est sous une forme normale négative, et A est logiquement équivalente à B (c'est-à-dire qu'elle est satisfaite exactement dans les mêmes **structures** τ, par précisément les mêmes assignations de variables).

II.3 Dialogues et validité

II.3.1 Dialogues formels

On va maintenant voir ce qui est en jeu dans la logique dialogique en reconstruisant, en termes dialogiques, la notion de validité dans la logique de premier ordre. On définit premièrement un langage **L[τ]** ; ce langage sera fondamentalement obtenu à partir de la logique de premier ordre (de vocabulaire τ) en ajoutant certains symboles métalogiques.

On introduit des *symboles de force* spéciaux **?** et **!**.

Une expression de **L[τ]** est soit une formule de **LPO[τ]**, soit l'une des suites suivantes de symboles :

$L, R, \vee, \forall x_i/k_j$ ou $\exists x_i/k_j$

où x_i est n'importe quelle variable et k_j n'importe quelle constante. On appelle les symboles de force des *marqueurs d'attaque*. En plus des expressions et symboles de force, pour **L[τ]** on dispose des *étiquettes* **O** et **P** qui tiennent pour les joueurs (*Proposant* et *Opposant*) des dialogues. Toute expression *e* de **L[τ]** peut être étiquetée **P** ou **O** d'une part, et adjointe aux symboles de force **?** et **!** d'autre part, et étendre ainsi les suites de symboles

$$\mathbf{P}\text{-!-}e, \; \mathbf{O}\text{-!-}e, \; \mathbf{P}\text{-?-}e, \; \mathbf{O}\text{-?-}e.$$

On dit que ces suites de symboles sont des *expressions dialogiquement signées*. Leur rôle est de signifier que, dans le cours d'un dialogue, le coup correspondant à l'expression *e* est à faire par **P** ou **O**, respectivement, et que le coup est joué en tant que défense (**!**) ou comme attaque (**?**). On utilisera **X** et **Y** comme variables pour **P** et **O**, en supposant toujours **X**≠**Y**, mais de façon à ce que **X** puisse tenir tant pour **P** que **O**, pareillement pour **Y**.

II.3.2 Règles de particule

Une *forme argumentative*, ou *règle de particule*, est une description abstraite de la façon dont on peut critiquer une formule, en fonction de son connecteur (ou particule) principal, et des réponses possibles à ces critiques. C'est une description abstraite en ce sens qu'elle ne contient aucune référence à un contexte de jeu déterminé et ne dit que la manière d'attaquer ou défendre une formule. Du point de vue dialogique, on dit que ces règles déterminent la *sémantique locale* parce qu'elles indiquent le déroulement d'un fragment du dialogue, où tout ce qui est en jeu est une critique qui porte sur *le connecteur principal* de la formule en question et la réponse correspondante, et non le contexte (logique) global dont la formule est une composante[6]. Les règles de particule fixent la sémantique dialogique des constantes logiques de **L[τ]** de la manière suivante :

---

[6] Il n'y a pas de règle de particule correspondant aux formules atomiques. Mais il est possible de poser un ensemble de concessions initiales de la part de l'opposant. C'est ce qu'on fait dans les "dialogues matériels" (cf. Rahman & Tulenheimo [2006]).

Assertion	Attaque	Défense
X-!-A∨B	**Y**-?-∨	**X**-!-A *ou* **X**-!-B (le défenseur choisit)
X-!-A∧B	**Y**-?-L *ou* **Y**-?-R (l'attaquant choisit)	**X**-!-A *respectivement* **X**-!-B
X-!-A→B	**Y**-!-A	**X**-!-B
X-!-¬A	**Y**-!-A	⊗ Aucune défense possible. Seule une contre-attaque est permise.
X-!-∀xA	**Y**-?-∀x/k Pour tout k disponible pour **Y**	**X**-!-A[x/k] Pour tout k choisi précédemment par **Y**
X-!-∃xA	**Y**-!-∃	**X**-!-A[x/k] Pour tout k disponible pour **Y**

Dans le tableau, **A**[x/k] désigne le résultat de la substitution de toute occurrence de la variable x par la constante k dans la formule **A**. Une manière plus minutieuse de faire ressortir le sens selon lequel les règles de particule déterminent la sémantique locale est de voir ces règles comme définissant la notion d'*état* d'un jeu (structurellement non encore déterminé).

(**Définition 11**) *État d'un dialogue*
Soit une formule **A** de **LPO[τ]** et soit un ensemble fixe dénombrable {k_0, k_1, ...} de constantes individuelles. Un *état du dialogue* **D**(A) est un quintuple <B, X, Y, e, σ> tel que :
• B est une sous-formule (propre ou non) de A.
• X,- Y-e est une expression dialogiquement signée. Ainsi, X est soit **O**, soit **P**, Y ∈ {?, !} et e ∈ **L[τ]**.
• σ : libre[B] ➡ {k_0, k_1, ...} est une fonction qui assigne aux variables libres de B des constantes individuelles.

   • La composante e est soit une formule de **FO[τ]**, soit un marqueur d'attaque. On stipule que dans le cas précédent, on a toujours e:=B.

Étant donné un symbole de force Υ, on note Υ' pour son opposé, c'est-à-dire $\Upsilon' \in \{?, !\} \backslash \Upsilon$.

On associe à chaque état de jeu $<B, X, \Upsilon, e, \sigma>$ une assignation de *rôle*, indiquant lequel des deux joueurs a le rôle d'attaquant et lequel a le rôle de défenseur. En fait, l'assignation de rôle est une fonction $\varrho : \{\mathbf{P}, \mathbf{O}\} \to \{?, !\}$ telle que $\varrho(\mathbf{X}) = \Upsilon$ et $\varrho(\mathbf{Y}) = \Upsilon'$.

On dit que l'état $<B_2, X_2, \Upsilon_2, e_2, \sigma_2>$ est *accessible* depuis l'état $<B_1, X_1, \Upsilon_1, e_1, \sigma_1>$ s'il résulte d'un coup joué par X_1 conformément à la règle de particule appropriée dans le rôle de Υ_1. S'il a le rôle d'attaquant ($\Upsilon_1 =?$), le joueur énonce une attaque, mais s'il a le rôle de défenseur ($\Upsilon_1 =!$), le joueur pose une défense.

On examine maintenant plus en détail la transition d'un état à un autre. Les règles de particule déterminent quel état S_2 d'un dialogue est accessible à partir d'un autre état S_1 donné. On remarquera que le joueur qui défend n'est pas nécessairement le même à tous les états de jeu. Pour que l'état S_2 soit accessible à partir de l'état $S_1 = <B, X, \Upsilon, e, \sigma>$, les conditions suivantes doivent être satisfaites :

• Règle de particule pour la négation : si $B = e$, $\Upsilon = !$ et B est de la forme $\neg C$, alors

$$S_2 = <C, Y, !, C, \sigma>$$

Ainsi, si $\mathbf{P}$ est le défenseur de $\neg C$ à l'état de jeu S_1, alors $\mathbf{O}$ est le défenseur de C à l'état S_2, et $\mathbf{P}$ attaquera (contre-attaquera précisément) C; et réciproquement, si $\mathbf{P}$ est l'attaquant de $\neg C$ à S_1.

On remarquera ici que l'état S_2 implique l'affirmation de C qui peut être défendue ; néanmoins, cette affirmation a été assertée au cours d'une attaque et l'ensemble de coups S_1 à S_2 compte comme attaque contre la formule négative initiale, c'est-à-dire une attaque sur C. Effectivement, cela suit du fait qu'à l'état S_2, les rôles des joueurs sont inversés comparativement à S_1. La contre-attaque peut produire à partir de S_2 un état en plus, $S_3 = <C, X, ?, *, \sigma>$, où C est la formule considérée, et où l'attaque porte sur la constante logique pertinente (le connecteur principal) de C, pour laquelle * est un marqueur d'attaque appropriée déterminé par la forme logique de C.

• *Règle de particule pour la conjonction* : Si $B = e$, $\Upsilon = !$ et B est de la forme $C \wedge D$, alors

$$S_2 = <C, X, !, C, \sigma> \text{ ou } S_2 = <D, X, !, D, \sigma>$$

selon le choix de l'attaquant entre les attaques ?-L et ?-R. (Ici l'attaquant est Y et son rôle est "?").

• *Règle de particule pour la disjonction* : Si B=e, Y= ! et B est de la forme C∨D, alors

$$S_2=<C, X, !, C, \sigma> \text{ ou } S_2=<D, X, !, D, \sigma>$$

selon le choix du défenseur, réagissant à l'attaque ?- ∨ de l'attaquant. (Ici le défenseur est X et son rôle est "!").

• *Règle de particule pour la conditionnelle* : Si B=e, Y= ! et B est de la forme C→D, alors

$$S_2=<C, Y, !, C, \sigma>$$

et, ensuite, l'état de jeu

$$S_3=<D, X, !, D, \sigma>$$

est accessible à partir de S_2. Ainsi, si **P** est le défenseur de la formule C→D à S_1, et **O** le défenseur de C à S_2, c'est **P** qui sera la défenseur de D à S_3.

Attaquer une conditionnelle revient à se préparer à défendre son antécédent, et ce, même si l'on remarque que la défense de C à l'état S_2 compte pour une attaque. Si **P** est le défenseur de la formule C→D à S_1, alors à l'état S_3 accessible à partir de S_2, soit **P** peut défendre D, soit **P** peut contre-attaquer C. S'il contre-attaque, il produit un état supplémentaire $S_4=<C, X, ?, *, \sigma>$ où C est la formule considérée, où l'attaque porte sur la constante logique pertinente (le connecteur principal) de C, et pour laquelle * est un marqueur d'attaque appropriée déterminé par la forme logique de C.

• *Règle de particule pour le quantificateur universel* : Si B=e, Y= ! et B est de la forme ∀xDx, alors

$$S_2=<Dx, X, !, Dx, \sigma[x/k_i]>$$

où k_i est la constante (d'individu) choisie par l'attaquant (qui est ici Y) comme réponse à l'attaque ?-∀x/k_i.
Comme d'habitude, la notation '$\sigma[x/k_i]$' représente la fonction qui n'est autre que la fonction σ, mais qui assigne à la variable x la constante k_i. Ainsi, si

σ est déjà définie sur x, '$\sigma[x/k_i]$' est le résultat de la réinterprétation de x par k_i autrement dit c'est l'extension de σ par la paire (x, ki)

• *Règle de particule pour le quantificateur existentiel* : Si B=e, Y= ! et B est de la forme $\exists x Dx$, alors

$$S_2 = <Dx, X, !, Dx, \sigma[x/k_i]>$$

où k_i est la constante choisie par le défenseur (qui est ici X) en réaction à l'attaque ?-$\exists x$ de l'attaquant (Y).

II.3.3 Règles structurelles

Pour l'analyse des dialogues, on fera usage des notions suivantes : *dialogue, jeu dialogique, et partie d'un dialogue*. Il est très important de garder ces notions conceptuellement distinctes. Les jeux dialogiques sont des séquences d'expressions dialogiquement signées, c'est-à-dire des expressions du langage L[τ] équipées d'une paire d'étiquettes, **P**-!, **O**-!, **P**-?, ou **O**-?. Les étiquettes apportent des informations sur la façon dont se déroule le dialogue. Les jeux dialogiques sont des cas particuliers des parties : tous les jeux dialogiques sont des parties, mais toutes les parties ne sont pas des jeux dialogiques. Par ailleurs, toutes les parties sont des séquences de jeux dialogiques. Finalement, les dialogues sont simplement des ensembles de parties.

Un dialogue complet est déterminé par les règles du jeu. Celles-ci spécifient comment les jeux dialogiques en particulier, et les parties des dialogues en général, sont générés à partir de la thèse du dialogue. Les règles de particule sont parmi les règles du jeu, mais en plus de celles-ci, il y a les *règles structurelles* qui servent à spécifier l'organisation générale du dialogue.

Différents types de dialogues ont différentes sortes de règles structurelles. *Lorsque l'enjeu est de tester la validité* - comme c'est le cas dans le présent travail - un dialogue peut être conçu comme un arbre, les branches (maximales) sont des parties (finies) essentielles à l'établissement de la validité de la thèse. Les règles structurelles seront choisies de tel sorte que le *Proposant* réussisse à défendre la thèse contre toutes les critiques possibles de l'*Opposant* si, et seulement si, la thèse est valide dans le sens standard du terme (c'est-à-dire vraie dans tous les modèles). Dans la logique dialogique, l'existence d'une telle stratégie gagnante pour le *Proposant* est typiquement prise comme définition de la validité ; par ailleurs, cette définition dialogique de la validité en capture effectivement la notion standard (voir la discussion relative à la notion de validité dans la suite).

Chaque ramification en deux branches - c'est-à-dire en deux parties de jeu - dans un arbre dialogique pourrait être considéré comme le résultat d'un choix propositionnel opéré par l'*Opposant*. Quel que soit le choix de l'*Opposant* pour défendre une disjonction, attaquer une conjonction et réagir à une attaque contre une conditionnelle, il fait apparaître une nouvelle branche, c'est-à-dire une nouvelle partie. Par contraste, ni les choix du *Proposant*, ni les choix de l'*Opposant* pour les quantificateurs (défendre un quantificateur existentiel et attaquer un quantificateur universel), ne génèrent de nouvelles parties.

Les participants, le *Proposant* et l'*Opposant*, auxquels on s'intéresse dans les dialogues utilisés pour caractériser la validité sont en fait des agents idéalisés. Si des agents, dans la vie réelle, les remplaçaient, il pourrait arriver que l'un des joueurs soit cognitivement limité au point d'adopter une stratégie qui le fasse échouer contre certaines ou contre toutes les séquences de coups joués par l'*Opposant* – et ce, même si une stratégie gagnante était disponible. Les agents idéalisés des dialogues ne sont pas limités : dire qu'ils « ont une stratégie » signifie qu'il existe, par un critère combinatoire, un certain type de fonction ; cela ne signifie pas que l'agent possède une stratégie dans quelque sens cognitif que ce soit.

Les parties d'un dialogue sont des séquences d'expressions dialogiquement signées, et elles partagent leur premier membre, la *Thèse* du dialogue. En particulier, les parties peuvent toujours être analysées en termes de jeux dialogiques : une partie est de la forme $\Delta_1 \ldots \Delta_n$, où, les Δ_1 sont des jeux dialogiques (i := 1, ... ,n). Les membres autres que la thèse sont appelés des *coups*. Un coup est soit une attaque, soit une défense.

Les règles de particules stipulent exactement quels coups doivent être comptés pour des attaques. Précisément, les coups X-Υ-*e*, dont l'expression *e* est une formule de premier ordre, ont un *contenu propositionnel*. Il faut se rappeler que dans le cas de la conditionnelle et de la négation, certains coups à contenu propositionnel comptent pour des attaques. (Dans la conception actuelle d'un dialogue, il y a habituellement un dispositif notationnel pour différencier, parmi les coups à contenu propositionnel, ceux qui sont des attaques de ceux qui ne le sont pas.)

On va maintenant introduire un certain nombre de règles structurelles pour les dialogues conçus pour le langage $\mathbf{L}[\tau]$. On notera $\boldsymbol{D}$(A) le dialogue dont la thèse est A. Plus loin, on notera Δ[n] le membre de la séquence Δ qui se trouve à la position *n*. Soit A une phrase de premier ordre du vocabulaire τ.

On a les règles structurelles suivantes (RS-0) à (RS-6) qui régulent les parties
τ dans $\Delta \in D(A)$, c'est-à-dire les membres du dialogue $D(A)$.

(RS-0) (*Début de partie*)
a) L'expression dialogiquement signée <**P**-!-A> appartient au dialogue $D(A)$
: la thèse A énoncée par le *Proposant* est elle-même un coup dans le dialogue
portant sur A.

b) Si Δ est une partie dans le dialogue $D(A)$, alors la thèse A à la position 0
dans Δ. Si $\Delta \in D(A)$, alors $\Delta[0]$= <**P**-!-A>.

c) Aux positions paires, c'est à **P** de jouer un coup, et aux positions impaires
c'est à **O** de jouer. C'est-à-dire que, chaque $\Delta[2n]$ est de la forme <**P**-γ-B>
pour un $\gamma \in \{?, !\}$ et B∈ Sub(A); et chaque $\Delta[2n+1]$ est, de façon similaire de
la forme <**O**-γ-B>. Tout coup après $\Delta[0]$ est une réaction à un coup précédent joué par l'autre joueur, et est soumis aux règles de particule et autres
règles structurelles.

(RS-1 intuitionniste) (*Clôture de ronde intuitionniste*)
Lorsque c'est au tour du joueur X de jouer un coup, il peut soit attaquer
n'importe quelle formule (complexe) assertée par son opposant, Y, soit se
défendre contre la dernière attaque non encore défendue (c'est-à-dire
l'attaque faite par Y avec le plus grand nombre naturel associé tel que X n'a
pas encore répondu à l'attaque).
Un joueur peut différer sa défense aussi longtemps qu'il peut exécuter des
attaques. Seule la toute dernière attaque qui n'a pas encore reçu de réponse
peut être traitée : si c'est au tour de X de jouer à la position *n*, et que les positions *l* et *m* comportent chacune une attaque qui n'a pas encore été défendue (l<m<n), alors le joueur X ne peut pas se défendre à la position *n*
contre l'attaque à la position *l*.

(RS-1classique) (*Clôture de ronde classique*)
Quant c'est à X de jouer, celui-ci peut attaquer n'importe quelle formule
assertée par son opposant Y, ou bien il peut se défendre contre n'importe
quelle attaque - y compris celles qui ont déjà été défendues. Il est ainsi permis de réitérer des coups défensifs qui ont déjà été joués.

(RS-2) (*Ramification*)
Si, dans une partie $\Delta \in D(A)$, c'est au tour de **O** de faire un choix propositionnel, c'est-à-dire de défendre une disjonction, attaquer une conjonction,

ou réagir à une attaque contre une conditionnelle, alors $\varDelta$ s'étend suivant deux parties de jeu $\varDelta_1$, $\varDelta_2 \in D(A)$,

$$\varDelta_1=\varDelta^\frown\alpha \text{ and } \varDelta_2=\varDelta^\frown\beta$$

qui diffèrent d'après le disjoint choisi, respectivement le conjoint, et la réaction à l'attaque de la conditionnelle, α vs. β. Plus précisément : Soit $\{n \leq \max\{m : \varDelta[m]\}$.

- Si $\varDelta[n]= <\mathbf{O}\text{-!-}B\lor C>$ et $\varDelta[\max] = <\mathbf{P}\text{-?-}\lor>$, alors

$$\alpha := <\mathbf{O}\text{-!-}B> \text{ et } \beta := <\mathbf{O}\text{-!-}C>.$$

- Si $\varDelta[n]= \varDelta[\max]=<\mathbf{P}\text{-!-}B\land C>$, alors

$$\alpha := <\mathbf{O}\text{-!-}L> \text{ et } \beta := <\mathbf{O}\text{-!-}R>.$$

- • Si $\varDelta[n]= <\mathbf{O}\text{-!-}B{\to}C>$ et $\varDelta[\max] = <\mathbf{P}\text{-?-}B>$, alors

$$\alpha := <\mathbf{O}\text{-?-}*> \text{ et } \beta := <\mathbf{O}\text{-!-}C>.$$

où $*$ est un marqueur d'attaque correspondant à la forme logique de la formule B. Outre ces coups propositionnels joués par $\mathbf{O}$, aucun autre coup n'engendre de branchement.

(RS-3) *Règle de décalage ou de changement (Shifting rule)*
Lorsqu'on joue un dialogue $\mathbf{D}(A)$, $\mathbf{O}$ est autorisé à changer entre les parties $\varDelta$ « alternatives » $\varDelta' \in D(A)$. Plus exactement, si $\mathbf{O}$ perd une partie $\varDelta$, et que $\varDelta$ implique un choix propositionnel fait par $\mathbf{O}$, alors $\mathbf{O}$ est autorisé à continuer en s'orientant vers une autre partie - existante grâce à la règle de ramification (RS-2). Concrètement cela signifie que la séquence $\varDelta^\frown\varDelta'$ sera alors une partie, c'est-à-dire un élément de $D(A)$.

C'est précisément la règle de décalage qui introduit des parties qui ne sont pas des jeux dialogiques simples. (Les jeux dialogiques sont un cas spécial de parties : ces dernières sont identifiées comme étant des séquences d'éléments des jeux dialogiques.) Comme exemple d'application de la règle de changement, on considère un dialogue D(A) procédant à partir des hypothèses (ou concessions initiales de $\mathbf{O}$) B, ¬C, et avec la thèse A := B∧C. Si $\mathbf{O}$ décide d'attaquer le conjoint gauche, le résultat sera la partie :

$$(\langle \mathbf{P}\text{-!-}B\wedge C\rangle, \langle \mathbf{O}\text{-?-}L\rangle, \langle \mathbf{P}\text{-!-}B\rangle)$$

et **O** perdra (parce qu'il a déjà concédé B). Mais, suivant la règle de change-ment, **O** peut décider de faire un autre essai. Cette fois-ci il souhaite choisir le conjoint de droite. La partie résultante est :

$$(\langle \mathbf{P}\text{-!-}B\wedge C\rangle, \langle \mathbf{O}\text{-?-}L\rangle, \langle \mathbf{P}\text{-!-}B\rangle, \langle \mathbf{P}\text{-!-}B\wedge C\rangle, \langle \mathbf{O}\text{-?-}R\rangle, \langle \mathbf{P}\text{-!-}C\rangle)$$

Observons que cette partie consiste en deux jeux dialogiques, notamment :

$$(\langle \mathbf{P}\text{-!-}B\wedge C\rangle, \langle \mathbf{O}\text{-?-}L\rangle, \langle \mathbf{P}\text{-!-}B\rangle) \text{ and } \langle \mathbf{P}\text{-!-}B\wedge C\rangle, \langle \mathbf{O}\text{-?-}R\rangle, \langle \mathbf{P}\text{-!-}C\rangle$$

Par contraste, cette partie n'est pas elle-même un jeu dialogique.

(RS-4) (*Gain de partie*)
Une partie $\varDelta \in D(A)$ est *close*, si $\varDelta = (\varDelta_1, \ldots, \varDelta_n)$, où les $\varDelta_i$ sont des jeux dia-logiques, et dans le plus récent des jeux dialogiques $\varDelta_n$ il apparaît le même littéral positif dans deux positions - dont l'un est énoncé par X et l'autre par Y. C'est-à-dire que, $\varDelta$ est close si pour un k, m<ω et pour un littéral positif $\ell \in \text{Sub}(A) \cup \{A\}$, nous avons :

$$\varDelta_n[k] = \ell = \varDelta_n[m]$$

où k<m et de plus, k est impair si, et seulement si m est pair ou égal à zéro. Si cette condition n'est pas remplie, $\varDelta$ est *ouverte*.

Si une partie est close, le joueur qui a énoncé la thèse (c'est-à-dire, **P**) gagne la partie, autrement il la perd. Une partie est *finie*, si elle est, soit close, ou si aucun autre coup n'est autorisé par les règles de particule ou structurelles. Si une partie est finie et ouverte, **O** gagne la partie. Remarquons que lors-qu'une partie $\varDelta \in D(A)$ est terminée, il n'y a plus de partie $\varDelta' \in D(A)$ telle que $\varDelta$ est un segment initial de $\varDelta'$.

(RS-5) (*Usage formel des formules atomiques*)
P ne peut introduire de littéraux positifs, tout littéral positif doit d'abord être introduit par **O**. Les littéraux positifs ne peuvent pas être attaqués.
Dans ce qui suit, lorsqu'il s'agira d'introduire les dialogues matériels nous prendrons également en compte, en parlant de la logique de premier ordre, les dialogues intuitionnistes avec des hypothèses additionnelles comme des *concessions initiales* faites par **O**, telles que :

$$\forall x_1 \dots \forall x_n (Rx_1 \dots x_n \vee \neg Rx_1 \dots x_n)$$

où R est un symbole de relation d'un vocabulaire fixé τ. Cela signifie que les hypothèses pertinentes sont des exemples (une clôture universelle) du *tertium non datur*. En présence de telles hypothèses on peut utiliser une formulation plus générale de la règle structurelle (**RS-5**) :

(RS-5*)
P ne peut introduire de littéraux : tout littéral (positif ou non) doit d'abord être énoncé par **O**. les littéraux positifs ne peuvent pas être attaqués.

Avant de pouvoir énoncer la règle structurelle (RS-6), on a besoin des définitions suivantes :

(Définition 9) Répétition stricte d'une attaque / d'une défense

a) On parle de **répétition stricte d'une attaque**, si un coup est attaqué bien que le même coup ait été attaqué auparavant par la même attaque. (On remarquera que choisir la même constante est une répétition stricte, tandis que les choix de ?-$\wedge_1$ et ?-$\wedge_2$ sont des attaques différentes.) Dans le cas d'un coup où un quantificateur universel a été attaqué avec une constante, le type de coup suivant doit être ajouté à la liste des répétitions strictes :

- *Un coup contenant un quantificateur universel (c'est-à-dire une formule quantifiée universellement) est attaqué en utilisant une nouvelle constante, bien que le même coup ait déjà été attaqué auparavant avec une autre constante qui était nouvelle au moment de cette attaque.*

- *Un coup contenant un quantificateur universel est attaqué en utilisant une constante qui n'est pas nouvelle, bien que le même coup ait déjà été attaqué auparavant avec la même constante.*

b) On parle de **répétition stricte d'une défense**, si un coup d'attaque m_1, qui a déjà été défendu avec le coup défensif m_2 auparavant, est à nouveau défendu contre l'attaque m_1 avec le même coup défensif. (On remarquera que la partie gauche et celle de droite d'une disjonction sont dans ce contexte deux défenses différentes).

Dans le cas d'un coup où un quantificateur existentiel a déjà été défendu avec une nouvelle constante, les types de coups suivants doivent être ajoutés à la liste des répétitions strictes :

- *Une attaque sur un quantificateur existentiel est défendue en utilisant une nouvelle constante, bien que le même quantificateur ait déjà été défendu auparavant avec une constante qui était nouvelle au moment de cette attaque.*

- *Une attaque sur un quantificateur existentiel est défendue en utilisant une constante qui n'est pas nouvelle, bien que le même quantificateur ait déjà été défendu auparavant avec la même constante.*

Remarque : Selon ces définitions, ni une nouvelle défense d'un quantificateur existentiel, ni une nouvelle attaque sur un quantificateur universel, n'est, à proprement parler, une stricte répétition si l'on utilise une constante qui, même si elle n'est pas nouvelle, est différente de celle utilisée dans la première défense (respectivement, la première attaque) et qui était nouvelle à ce moment.

(**RS-6**) (*Règle d'interdiction de répétitions à l'infini*)
Cette règle a deux variantes, l'une classique et l'autre intuitionniste, chacune dépendant du type de règles structurelles avec lesquelles est engagé le dialogue : soit (**RS-1**$_{\text{intuitionniste}}$) ou (**RS-1**$_{\text{classique}}$).

(**RS-6**$_{\text{classique}}$) Les répétitions strictes ne sont pas autorisées.

(**RS-6**$_{\text{intuitionniste}}$) Dans la version intuitionniste : si **O** a introduit une nouvelle formule atomique qui peut maintenant être utilisée par **P**, alors **P** peut exécuter une répétition d'attaque. Aucune autre répétition stricte n'est autorisée.

Remarque : Cette règle, quand elle est combinée à une procédure systématique adéquate, permet à l'*Opposant* de trouver un dialogue fini, où il gagne s'il y en a un : c'est-à-dire qu'il pourrait y avoir des formules où l'*Opposant* peut gagner seulement avec un jeu infini. Le point de la procédure systématique est le suivant : on suppose que dans un jeu k_i apparaît et que l'*Opposant* doit maintenant choisir une constante. Alors il produira deux jeux différents : dans l'un, il utilisera l'ancienne constante; dans l'autre, il utilisera la nouvelle constante

(**Définition 8**) **Validité** : On dit qu'une phrase de premier ordre A est dialogiquement valide dans le sens classique (respectivement intuitionniste), si
toutes les parties appartenant au dialogue classique **D**(A) (respectivement
intuitionniste) sont closes.

Il est possible de prouver que la définition dialogique de la validité coïncide
avec la définition standard. Les premières formulations de la preuve furent
développées par Kuno Lorenz dans sa Thèse de Doctorat (reprises dans
Lorenzen/Lorenz 1978). Haas (1980) et Felscher (1985) prouvèrent
l'équivalence avec la logique intuitionniste de premier ordre (en démontrant
la correspondance entre les dialogues intuitionnistes et le calcul intuitionniste des séquents); tandis que Stegmüller (1964) établissait l'équivalence
dans le cas de la logique de premier ordre classique. Rahman (1994 : 88-
107), qui développa l'idée selon laquelle les dialogues pour la validité pouvaient être vus comme une structure de théorie de la preuve pour construire
les systèmes de tableaux, prouva directement l'équivalence entre les deux
types de dialogues et les tableaux sémantiques correspondants, à partir desquels le résultat s'étend au calcul des séquents correspondant.

II.4 Remarques philosophiques : les propositions vues comme des jeux

Les règles de particule déterminent dynamiquement le procédé d'extension
d'un ensemble d'expressions à partir d'une assertion initiale. Dans la perspective du jeu, l'une des caractéristiques les plus importantes de ces règles
est qu'elles déterminent, à chaque fois qu'il y a un choix à faire, qui doit
choisir. C'est ce qu'on peut appeler la dimension pragmatique de la sémantique dialogique pour les constantes logiques. En effet, on peut voir les règles
de particule comme une proto-sémantique, c'est-à-dire un schème de jeu
pour un jeu non encore déterminé qui, lorsqu'il sera complété par les règles
structurelles appropriées, produira la sémantique du jeu, qui à son tour cons-
truira la notion de validité.

Effectivement, au moyen des règles de particule, des jeux sont assignés aux
phrases (c'est-à-dire aux formules). Mais les phrases ne sont pas des jeux.
Quelle est donc la nature de cette assignation ? Les jeux associés aux phrases
signifient des propositions (c'est-à-dire des constructions élaborées par le
langage (logique) des locuteurs). Ce qui est lié par les connecteurs logiques,
ce ne sont pas des phrases, mais plutôt des propositions. De plus, dans la
dialogique, les opérateurs logiques ne forment pas des phrases à partir de
phrases plus simples (atomiques), mais des jeux à partir d'autres jeux plus

simples. Afin d'expliquer un jeu complexe, étant donné l'explication de jeux plus simples à partir desquels il a été formé, revient à ajouter une règle qui indique comment former de nouveaux jeux à partir de ceux déjà connus : si on a les jeux A et B, la règle pour la conjonction montre comment on peut former le jeu $A \wedge B$ afin d'asserter cette conjonction. Maintenant, les règles de particule ont une autre fonction importante : elles ne fixent pas seulement la base de la sémantique tout en signalant comment cette dernière pourrait être reliée à la sphère des jeux – qui est un monde extérieur si les jeux sont assignés aux formules initiales - mais elles montrent aussi comment construire la relation entre phrases et propositions. Les phrases sont liées aux propositions au moyen des assertions, leur contenu sont les propositions. Les assertions sont des propositions dotées d'une théorie de force, qui place la logique dans le domaine des actions linguistiques. Les forces exécutant cette connexion entre phrases et propositions sont précisément l'attaque (?) et la défense (!). Une attaque est une demande pour qu'une assertion soit exprimée. Une défense est une réponse (à une attaque) en agissant de telle manière qu'une assertion soit proférée (par exemple que A). En réalité, la force d'assertion est présupposée : on exprime l'assertion A seulement si l'on sait comment gagner le jeu A.

Le verbe « savoir » induit, certes, un moment épistémique, typique des assertions faites au moyen des jugements. Mais, cela ne présuppose en principe pas la qualité de la connaissance requise. Le moment constructiviste est seulement requis si la notion épistémique est liée à une conception étroite de ce que signifie « *le joueur X sait qu'il y a une stratégie gagnante pour le jeu A* ».

II.5 Dialogues et Tableaux

II. 5. 1 Stratégies gagnantes et Tableaux

Comme mentionné précédemment, les stratégies des jeux dialogiques fournissent les éléments pour construire une notion de validité telle que pour les tableaux. Suivant l'idée originelle au fondement de la dialogique, cette notion de validité est atteinte *via* la notion de stratégie gagnante de la théorie des jeux. On dit que X a une stratégie gagnante s'il y a une fonction qui, contre tous les coups possibles de Y, donne le coup correct pour X lui garantissant la victoire du jeu.

C'est effectivement un fait notoire que les tableaux sémantiques habituels pour la logique intuitionniste et classique, tels qu'ils ont été reformulés en 1968 par Raymond Smullyan avec une structure en forme d'arbre, et en

1969 par Melvin Fitting, sont en connexion directe avec les tableaux (et dans le calcul des séquents correspondant) pour les stratégies engendrées par les jeux de dialogues, joués pour tester la validité au sens défini par ces logiques (cf. Rahman 1993).

Une description systématique des stratégies gagnantes disponibles peut être obtenue à partir des considérations suivantes :

Si **P** doit gagner contre n'importe quel choix de **O**, alors on doit considérer deux situations principales différentes, à savoir les situations dialogiques dans lesquelles **O** a posé une formule (complexe) et celles dans lesquelles c'est **P** qui a posé une formule (complexe). On appellera ces deux situations le cas **O** et le cas **P,** respectivement.

Dans chacune de ces deux situations, d'autres distinctions doivent être examinées :

1. **P** gagne en choisissant une attaque dans un cas **O** ou en défendant dans un cas **P** si et seulement s'il peut gagner au moins un des dialogues qu'il peut choisir.
2. Quand **O** peut choisir une défense dans un cas **O** ou une attaque dans un cas **P**, **P** peut gagner si et seulement s'il peut remporter tous les dialogues que **O** peut choisir.

Les règles de clôture habituelles pour les tableaux dialogiques sont les suivantes : une branche est close si et seulement si elle contient deux copies de la même formule atomique, une posée par **O** et l'autre par **P**. Un tableau pour (**P**)A (c'est-à-dire démarrant avec (**P**)A) est clos si et seulement si chaque branche est close. Ceci montre que les systèmes de stratégies pour les logiques dialogiques classique et intuitionniste ne sont rien d'autre que les systèmes de tableaux déjà parfaitement connus pour ces logiques.

Il est important de remarquer que, pour les systèmes de tableaux donnés, la reconstruction des dialogues ne correspond pas aux pas les uns à la suite des autres, mais plutôt aux rondes. Les tableaux sont une description métalogique des dialogues et cette description n'est pas une procédure dialogique en elle-même, mais décrit un processus dialogique fini.

Pour le système de tableau intuitionniste, on doit considérer les règles structurelles concernant la restriction sur les défenses. L'idée est assez simple : le système de tableau permet toutes les défenses possibles (même atomiques), mais dès que des formules **P** déterminées (négations, conditionnelle, quanti-ficateur universel) sont attaquées, toutes les autres formules **P** seront élimi-nées. Clairement, si une attaque sur une assertion **P** cause la suppression des autres assertions, alors **P** peut seulement répondre à la dernière attaque. Ces formules qui obligent l'élimination du reste des formules **P** seront désignées par l'expression '$\sum_{|O|}$' qui se lie : l'ensemble $\sum$ sauve les formules **O** et éli-mine les formules **P** qui ont été posées auparavant.

Cependant les tableaux résultant ne sont pas véritablement les mêmes que les tableaux standard. Une caractéristique particulière de ces jeux de dialo-gues est la règle formelle (RS-5) qui est responsable de la plupart des diffi-cultés rencontrées dans la preuve d'équivalence entre la notion dialogique et la notion véri-fonctionnelle de validité. Le rôle de la règle formelle, dans ce contexte, est de produire des jeux où l'on génère un arbre affichant les stra-tégies de victoire (possibles) de **P**, les branches de ce type d'arbre ne conte-nant pas de redondances. Par conséquent, les règles formelles agissent comme un filtre contre toutes redondances et produisent un système de tableaux ayant un air de déduction naturel (cf. Rahman/Keiff 2005).

La façon de produire ces dialogues où la règle formelle s'applique pour les tableaux est assez simple : soit une branche finie dont chaque nœud contient une formule atomique qui n'a pas encore été utilisée pour clôturer la bran-che. Si c'est une formule **P** alors c'est une formule qui, dans le dialogue cor-respondant, ne peut pas être jouée à cause de la règle formelle. S'il s'agit d'une formule **O** et que la branche est close, alors il y a une formule redon-dante que la règle formelle éliminera (voir plus loin dans le paragraphe sur le calcul de séquents le rôle de la règle d'affaiblissement en relation avec les dialogues).

II.5.2 Tableaux classiques

Cas (**O**)	*Cas* (**P**)
Σ, (**P**)A∨B	Σ, (**P**)A∨B
------------------------------	------------------
Σ, <(**P**)?-∨>(**O**)A | Σ, <(**P**)?-∨>(**O**)B	Σ, <(**O**)?-∨>(**P**)A Σ, <(**O**)?-∨>(**P**)B
Σ, (**O**)A∧B	Σ, (**P**)A∧B
------------------	------------------
Σ, <(**P**)?-L>(**O**)A Σ, <(**P**)-?R>(**O**)B	Σ, <(**O**)?-L>(**P**)A | Σ, <(**O**)?-R>(**P**)B
Σ, (**O**)A→B	Σ, (**P**)A→B
------------------------------	------------------
Σ, (**P**)A ... | <(**P**)A>(**O**)B	Σ, (**O**)A; Σ,(**P**)B
Σ, (**O**)¬A	Σ, (**P**)¬A
------------------	------------------
Σ, (**P**)A; —	Σ, (**O**)A; —
Σ, (**O**)∀xA	Σ, (**P**)∀xA
------------------	------------------
Σ, <(**P**)?-∀x/k_i>(**O**)A$_{[x/ki]}$	Σ, <(**O**)?-∀x/k_i>(**P**)A$_{[x/ki]}$ *k_i est nouvelle*
Σ, (**O**)∃xA	Σ, (**P**)∃xA
------------------	------------------
Σ, <(**P**)?-∃>(**O**)A$_{[x/ki]}$ *k_i est nouvelle*	Σ, <(**O**)?-∃>(**P**)A$_{[x/ki]}$

- Si Σ est un ensemble de formules dialogiquement étiquetées et X est une formule seule dialogiquement étiquetée, on écrit Σ, X pour Σ∪{X}.
- On remarquera que la formule sous la ligne représente toujours une paire de coups correspondant à une attaque et une défense. En d'autres termes, elles représentent des rondes.
- La barre verticale « | » indique alternativement pour les choix **O**, la

stratégie selon laquelle **P** doit avoir une défense pour les deux possibilités (les jeux dialogiques définissent deux jeux possibles).

• Les règles produisant deux lignes indiquent que c'est **P** qui a le choix – et il peut alors n'avoir besoin que d'un seul des deux choix possibles.

• On remarquera que les expressions entre les symboles « < » et « > », telles que <(**P**)?> et <(**O**)?> sont des coups – plus précisément des attaques – et non pas des formules (assertions) qui peuvent être attaquées. Ces expressions ne font pas réellement partie du tableau. Ce sont des formules qui sont incluses dans l'ensemble de formules. Ces expressions constituent plutôt une partie du projet de reconstruction algorithmique des dialogues correspondants.

II.5.3 Tableaux intuitionnistes

Cas (**O**)	*Cas* (**P**)
Σ, (**P**)A$\vee$B	Σ, (**P**)A$\vee$B
-----------	-----------
Σ, <(**P**)?-$\vee$>(**O**)A | Σ, <(**P**)?-$\vee$>(**O**)B	$\Sigma_{[O]}$, <(**O**)?-$\vee$>(**P**)A $\Sigma_{[O]}$, <(**O**)?-$\vee$>(**P**)B
Σ, (**O**)A$\wedge$B	Σ, (**P**)A$\wedge$B
-----------	-----------
Σ, <(**P**)?-L>(**O**)A Σ, <(**P**)?-R>(**O**)B	$\Sigma_{[O]}$, <(**O**)?-L>(**P**)A | $\Sigma_{[O]}$, <(**O**)?-R>(**P**)B
Σ,(**O**)A$\rightarrow$B	Σ, (**P**)A$\rightarrow$B
-----------	-----------
$\Sigma_{[O]}$, (**P**)A ... | <(**P**)A>(**O**)B	$\Sigma_{[O]}$, (**O**)A; (**P**)B
Σ, (**O**)$\neg$A	Σ, (**P**)$\neg$A
-----------	-----------
$\Sigma_{[O]}$, (**P**)A; —	$\Sigma_{[O]}$, (**O**)A; —
Σ, (**O**)$\forall x$A	Σ, (**P**)$\forall x$A
-----------	-----------
Σ, <(**P**) ?-$\forall x/k_i$>(**O**)A$_{[x/ki]}$	$\Sigma_{[O]}$, <(**O**) ?-$\forall x/k_i$ >(**P**)A$_{[x/ki]}$ *k_i est nouvelle*

$$\Sigma, (\mathbf{O})\exists xA$$

$$\Sigma, <(\mathbf{P})?\text{-}\exists>(\mathbf{O})A_{[x/ki]}$$
k_i est nouvelle

$$\Sigma, (\mathbf{P})\exists xA$$

$$\Sigma_{[\mathbf{O}]}, <(\mathbf{O})?\text{-}\exists>(\mathbf{P})A_{[x/ki]}$$

Les tableaux intuitionnistes sont produits en ajoutant l'ensemble $\Sigma_{[\mathbf{O}]}$ (lequel ensemble contient seulement les formules étiquetées $\mathbf{O}$) : la totalité des formules $\mathbf{P}$ précédentes se trouvant sur la même branche de l'arbre est éliminée.

DEFINITION

On se penche maintenant sur deux exemples, un pour la logique classique et l'autre pour la logique intuitionniste. On utilise les arbres formés à partir des tableaux rendus populaires par Smullyan ([18]) :

Si Θ est un ensemble donné de formules étiquetées (-$\mathbf{P}$, ou -$\mathbf{O}$), on dit qu'une des règles R des règles précédentes du système des tableaux *s'appliquent à* Θ si, par un choix approprié de Θ, la collection des formules étiquetées au-dessus de la ligne dans les règles R devient Θ.

Par une application de R à l'ensemble Θ, on entend le remplacement Θ par Θ_1 (ou par Θ_1 et Θ_2, si R est $(\mathbf{P})\wedge$, $(\mathbf{O})\vee$, ou $(\mathbf{O})\rightarrow$) où Θ est l'ensemble des formules au-dessus de la ligne des règles R (après les substitutions appropriées pour Σ, et pour les formules $\mathbf{A}$ (et $\mathbf{B}$)) et Θ_1 (ou Θ_1 et Θ_2) est l'ensemble de formule sous la ligne. Cela suppose que R s'applique à Θ. Autrement le résultat est encore Θ. Par exemple, en appliquant la règle $(\mathbf{P})\rightarrow$ à l'ensemble Θ : $\{(\mathbf{O})A, (\mathbf{P})B, (\mathbf{P})(C\rightarrow D)\}$ on peut avoir $\Sigma_{[\mathbf{O}]}\cup\Theta_1$: $\{(\mathbf{O})A, (\mathbf{O})C, (\mathbf{P})D)\}$- on notera que $(\mathbf{P})B$ disparaît parce qu'on a $\Sigma_{[\mathbf{O}]}$ et pas Σ.

Par *configuration*, on désigne une collection finie $\{\Sigma_1, \Sigma_2, ..., \Sigma_n\}$ d'ensembles de formules étiquetées, où Σ peut représenter Σ et/ou $\Sigma_{[\mathbf{O}]}$.

Par *application* de R à une *configuration* $\{\Sigma_1, \Sigma_2, ..., \Sigma_n\}$, on désigne le remplacement de cette configuration par une nouvelle qui est comme la première à l'exception près qu'elle ne contient pas de Σ_i, mais le résultat (ou les résultats) de l'application des règles R à Σ_i.

Par **tableau**, on désigne une séquence finie de configurations $\mathfrak{C}_1, \mathfrak{C}_2, ..., \mathfrak{C}_n$ dans lesquelles chaque configuration, exceptée la première, est le résultat de l'application des règles précédentes à la configuration qui précède.

Un ensemble de formules étiquetées est clos s'il contient $(\mathbf{O})a$ et $(\mathbf{P})a$ (pour a atomique). Une configuration $\{\Sigma_1, (\Sigma_2, ..., \Sigma_n\}$ est close si chaque Σ_i est clos. Un tableau $\mathfrak{C}_1, \mathfrak{C}_2, ..., \mathfrak{C}_n$ est clos si quelque $\mathfrak{C}_i$ est clos.

Par un tableau pour l'ensemble Σ de formules étiquetées on désigne un tableau $\mathfrak{C}_1, \mathfrak{C}_2, ..., \mathfrak{C}_n$ dans lequel $\mathfrak{C}_1$ est $\{\Sigma\}$.

Exemple :

$$
\begin{array}{ll}
(\mathbf{P}) & \forall x(\neg\neg Ax \rightarrow Ax) \\
<(\mathbf{O})?\text{-}\forall x/k> \; (\mathbf{P}) & \neg\neg A_k \rightarrow A_k \\
(\mathbf{O})\neg\neg A_k & \\
(\mathbf{P}) & A_k \\
(\mathbf{P})\neg A_k & \\
(\mathbf{O})A_k &
\end{array}
$$

Le tableau est clos : **P** gagne.

Le tableau intuitionniste suivant entraine l'utilisation de la règle d'élimination :

Exemple :

$$
\begin{array}{ll}
\cancel{(\mathbf{P})} & \cancel{\forall x(\neg\neg Ax \rightarrow Ax)} \\
<(\mathbf{O})?\text{-}\forall x/k> \; \cancel{(\mathbf{P})}_{[\mathbf{O}]} & \cancel{\neg\neg A_k \rightarrow A_k} \\
(\mathbf{O})_{[\mathbf{O}]}\neg\neg A_k & \\
\cancel{(\mathbf{P})} & \cancel{A_k} \\
\cancel{(\mathbf{P})\neg A_k} & \\
(\mathbf{O})_{[\mathbf{O}]}A_k &
\end{array}
$$

Le tableau reste ouvert : **O** gagne.

On notera que $<(\mathbf{O})?\text{-}\forall x/k>$ n'a pas été éliminée. La règle d'élimination s'applique seulement à des formules. Il est important de prendre en compte cette considération en reconstruisant le dialogue correspondant.

II.6 Dialogues et calcul de séquents

La façon standard de produire un calcul de séquents à partir des systèmes de tableaux est d'écrire les règles pour les constantes logiques du calcul de séquents de haut-en-bas, remplacer la règles de clôture des branches par un axiome et ajouter les règles structurelles qui rendent explicites les propriétés de la relation de conséquence en jeu. Le dernier point expose les avantages et les désavantages du calcul de séquents en relation avec le système des tableaux et des dialogues. Alors que la structure en forme d'arbre des tableaux et des dialogues permet d'éviter toute réécriture, le calcul de séquents - où dans chaque branche chaque formule utilisée doit être réécrite - a quant à lui l'avantage de rendre plus explicite l'utilisation des règles structurelles requises par la définition de la relation de conséquence choisie dans la preuve.

Les règles du calcul de séquents se composent des « *prémisses de séquent* » et des « *conclusions de séquent* ».

On récrit maintenant les tableaux pour la logique classique.

II.6.1 Calcul de séquents

1. On ajoute le signe de séquent '⇒' et on écrit la formule étiquetée **O** *à gauche* du séquent et les formules étiquetées **P** *à droite* du séquent.

   Ainsi,

$$\Sigma, (\mathbf{O})A\lor B$$

$$\Sigma, <(\mathbf{P})?\text{-}\lor>(\mathbf{O})A \mid \Sigma, <(\mathbf{P})?\text{-}\lor>(\mathbf{O})B$$

   Sera écrit

$$\Sigma, A\lor B\Rightarrow\Theta$$

$$\Sigma, A \Rightarrow\Theta, <?\text{-}\lor> \mid \Sigma, B \Rightarrow\Theta, <?\text{-}\lor>$$

2.   On écrit la version des règles établies en 1 à l'envers.

Ainsi,

$$\Sigma, A \lor B \Rightarrow \Theta$$

$$\Sigma, A \Rightarrow \Theta, <?\text{-}\lor> \mid \Sigma, B \Rightarrow \Theta, <?\text{-}\lor>$$

Sera écrit

$$\Sigma, A \Rightarrow \Theta, <?\text{-}\lor> \mid \Sigma, B \Rightarrow \Theta, <?\text{-}\lor>$$

$$\Sigma, A \lor B \Rightarrow \Theta$$

3.   Les règles-tableaux contenant deux lignes seront réécrites avec une ligne séparée par une colonne.

Ainsi,

$$\Sigma, (\mathbf{P}) A \lor B$$

$$\Sigma, <(\mathbf{O})?\text{-}\lor>(\mathbf{P})A$$
$$\Sigma, <(\mathbf{O})?\text{-}\lor>(\mathbf{P})B$$

Produira :

$$\Sigma, <(\mathbf{O})?\text{-}\lor> \Rightarrow \Theta, A, B$$

$$\Sigma \Rightarrow \Theta, A \lor B$$

• Note : ce dispositif correspond aux règles structurelles dans les dialogues qui permettent au Proposant de répondre à nouveau à une attaque en choisissant un autre disjoint (voir l'exemple du dialogue pour le tiers exclu dans le chapitre précédent).

4.   On remplace les règles de clôture par le schéma d'axiome suivant :

$$p \Rightarrow p$$

- Note : on formule le schéma d'axiome avec des formules atomiques. Le schéma d'axiome peut être généralisé pour des formules complexes mais on préfère cette version pour son analogie avec les règles formelles pour les dialogues.

Règles pour les constantes logiques

Cas gauche	Cas droite
$\Sigma, A \Rightarrow \Theta <?\text{-}\vee> \mid \Delta, B \Rightarrow \Pi, <?\text{-}\vee>$	$\Sigma, <?\text{-}\vee> \Rightarrow \Theta, A, B$
--	------------------------------
$\Sigma, \Delta, A{\vee}B \Rightarrow \Theta, \Pi$	$\Sigma \Rightarrow \Theta, A{\vee}B$
$\Sigma, A, B \Rightarrow \Theta, <?\text{-}L>, <?\text{-}R>$	$\Sigma, <?\text{-}L> \Rightarrow \Theta, A \mid \Delta, <?\text{-}R> \Rightarrow \Pi, B$
--	--
$\Sigma, A{\wedge}B \Rightarrow \Theta$	$\Sigma, \Delta \Rightarrow \Theta, \Pi, A{\wedge}B$
$\Sigma \Rightarrow \Theta, A \mid \Delta, B \Rightarrow \Pi, <A>$	$\Sigma, A \Rightarrow \Theta, B$
------------------------------------	------------------------
$\Sigma, \Delta, A{\rightarrow}B \Rightarrow \Theta, \Pi$	$\Sigma \Rightarrow \Theta, A{\rightarrow}B$
$\Sigma \Rightarrow \Theta, A$	$\Sigma, A \Rightarrow \Theta$
------------------	------------------
$\Sigma, \neg A \Rightarrow \Theta$	$\Sigma \Rightarrow \Theta, \neg A$
$\Sigma, A_{[ki]} \Rightarrow \Theta, <?\text{-}\forall x / k_i>$	$\Sigma, <?\text{-}\forall x / k_i> \Rightarrow \Theta, A_{[ki]}$
------------------------------	------------------------------
$\Sigma, \forall xA \Rightarrow \Theta$	$\Sigma \Rightarrow \Theta, \forall xA$
	k_i est nouvelle : elle n'apparaît pas dans la conclusion.
$\Sigma, A_{[ki]} \Rightarrow \Theta, <?\text{-}\exists>$	$\Sigma, <?\text{-}\exists> \Rightarrow \Theta, A_{[ki]}$
--------------------	--------------------
$\Sigma, \exists xA \Rightarrow \Theta$	$\Sigma \Rightarrow \Theta, \exists xA$
k_i est nouvelle : elle n'apparaît pas dans la conclusion.	

- Comme on le verra ensuite, les règles ont été construites afin de rester aussi proche que possible des règles pour les tableaux (et les dialogues). En fait, le calcul de séquents décrit ci-dessus a été conçu pour être développé du bas-vers-le-haut, et cela s'applique particulièrement à la formulation des règles pour les quantificateurs. Si l'on préfère développer le calcul de séquents du haut-vers-le-bas, alors les alternatives pour les règles de $\exists A \Rightarrow$ et $\Rightarrow \Theta, \forall$, où est inscrit dans la conclusion la substitution d'une constante donnée par une variable adéquate (et non dans l'autre sens), sont plus appropriées :

$$\Sigma, A \Rightarrow \Theta$$

$$\Sigma, \exists x A_{[ki/x]} \Rightarrow \Theta$$

k_i est nouvelle : elle n'apparaît pas dans la conclusion.

$$\Sigma, \Rightarrow \Theta, A$$

$$\Sigma \Rightarrow \Theta, \forall x A_{[ki/x]}$$

k_i est nouvelle : elle n'apparaît pas dans la conclusion.

On expose maintenant les règles définissant la relation de conséquence classique :

Règles structurelles pour la logique

Cas gauche	Cas droite
Affaiblissement	Affaiblissement
$$\Sigma \Rightarrow \Theta$$ --------- $$\Sigma A \Rightarrow \Theta$$	$$\Sigma \Rightarrow \Theta$$ ----------- $$\Sigma \Rightarrow \Theta, A$$
Contraction	Contraction
$$\Sigma, A, A \Rightarrow \Theta$$ ---------------- $$\Sigma A \Rightarrow \Theta$$	$$\Sigma \Rightarrow \Theta, A, A$$ ---------------- $$\Sigma \Rightarrow \Theta, A$$
Réciprocité	Réciprocité
$$\Sigma, A, B \Rightarrow \Theta$$ ---------------- $$\Sigma B, A \Rightarrow \Theta$$	$$\Sigma \Rightarrow \Theta, A, B$$ ---------------- $$\Sigma \Rightarrow \Theta, B, A$$

Cut

$$\Sigma \Rightarrow \Theta, A \qquad \Delta, A \Rightarrow \Pi$$

$$\Sigma, \Delta \Rightarrow \Theta, \Pi$$

Les règles de réciprocité permettent le réarrangement des formules aussi bien à gauche qu'à droite du séquent.

« *Cut* » diffère des autres règles structurelles en ce qu'elle a deux prémisses. Elle diffère aussi des autres règles en ce que la formule qui apparaît dans la prémisse (A) n'apparaît plus elle-même, ou comme sous-formule d'une autre formule, dans la conclusion de cette règle. C'est une règle dont il faudra parler plus longuement et de manière plus détaillée.

Les autres règles méritent des commentaires plus généraux.

Tout comme on l'a déjà mentionné précédemment, le calcul de séquents à ici été formulé afin de rester aussi proche que possible des règles de tableaux. En effet, on considère que les preuves sont développées du bas-vers-le-haut (*bottom-up*), c'est-à-dire qu'on part du séquent à prouver vers le schéma d'axiome qui délivre les fondations d'une telle preuve. Effectivement, au lieu de voir les règles comme des descriptions pour des dérivations permises en logique des prédicats, on peut les considérer aussi comme des *instructions pour la construction d'une preuve*. Et dans ce cas, les règles peuvent être lues du bas-vers-le-haut. Par exemple, la règle de *conjonction à droite* dit que, afin de prouver que **A∧B** suit des hypothèses Σ et Δ, il suffit de prouver, respectivement, que **A** peut être conclu à partir de Σ et que B peut être conclu à partir de Δ. On notera que, étant donné un antécédent, il n'est pas clair de savoir comment ceci doit être scindé entre Δ et Σ n'est pas clair. Cependant, il n'y a qu'un nombre fini de possibilités puisque l'antécédent par hypothèse est fini. Ceci illustre également la façon dont la théorie de la preuve peut être perçue comme opérant sur des preuves de façon combinatoire : étant données des preuves pour **A** et pour **B**, on peut construire une preuve pour **A∧B**.

« *Cut* » et la lecture du bas-vers-le-haut : Lorsque l'on cherche des preuves, de nombreuses règles offrent une recette plus ou moins directe de la façon de le faire. La règle de « *cut* » est différente : elle établit que, lorsqu'une formule **A** peut être conclue et que cette formule peut servir à son tour de prémisse pour conclure d'autres énoncés, alors la formule **A** peut être « coupée » et les dérivations peuvent être réunies. Construire une preuve de bas-en-haut crée le problème de la supposition de **A** (puisqu'elle n'apparaît pas du tout au-dessous). Ce résultat est abordé dans le théorème de « *cut elimination* ».

On insistera ici sur les points élucidant les deux perspectives concernant la lecture des règles : de haut-en-bas (*top down*) et de bas-en-haut (*bottom up*) :

- **La perspective de haut-en-bas (des schémas d'axiome vers la thèse) :**

   1. Les règles d'affaiblissement (*weakening*) permettent l'addition d'une formule arbitraire soit à gauche, soit à droite, du séquent.
   2. Les règles de contraction permettent d'abandonner ou de dupliquer une formule.
   3. Les règles pour les constantes logiques sont des règles d'introduction : leurs conclusions contiennent des formules contenant de nouvelles constantes logiques.

- **La perspective de bas-en-haut (de la thèse vers les schémas d'axiome) :**

   1. Les règles d'affaiblissement permettent d'*éliminer* une formule arbitraire soit à gauche, soit à droite, du séquent afin d'obtenir le schéma d'axiome approprié.

      En fait, si l'on construit la preuve de bas-en-haut, la règle d'affaiblissement permet de voir certaines formules comme *redondantes*.

      La contrepartie dialogique (et tableau) de l'utilisation de cette règle est implicite dans la définition de clôture d'un jeu dialogique (branche pour tableau) qui nous permet de clore malgré le fait que d'autres sous-formules n'aient pas été utilisées dans le jeu (branche) en jeu. Prenons comme exemple la preuve dialogique (tableau) de (p∧Q)→p, où la formule complexe Q ne sera pas utilisée pour clore le jeu dialogique (branche) qui produit une stratégie gagnante (preuve tableau) pour **P**.
   2. Les règles de contraction permettent de répéter des formules.

      La contrepartie dialogique (et tableau) de l'utilisation de cette règle (si l'on ne suppose pas que « cut » a été utilisée) est implicite dans la structure en forme d'arbre d'un jeu (tableau) qui permet de clore deux jeux dialogiques différents (branches) en utilisant deux fois la même formule étiquetée **O**. On n'entre pas ici dans tous les détails, mais, pour le moment, on pense un dialogue (tableau) pour (p→(p→q))→(p→q). Dans une preuve dialogique (tableau), la formule atomique étiquetée (**O**)p sera utilisée deux fois, à savoir dans chacun des jeux dialogiques (branches) généré par la scission de (**O**) (p→(p→q).

3. Les règles pour les constantes logiques sont des règles d'éliminations : leurs conclusions contiennent des sous-formules tirées des formules constituant les prémisses où les constantes logiques en jeu étaient apparues

II.6.2 Des dialogues aux séquents

On a déjà décrit comment convertir les règles des tableaux dialogiques dans les règles des séquents. On va maintenant montrer comment produire une preuve dans le calcul de séquents à partir d'une preuve dialogique.

Tout d'abord quelques définitions :

1. On dit qu'une paire de littéraux est utilisée dans une preuve (de tableau) dialogique si et seulement si ces paires entraînent la clôture d'une branche d'un jeu dialogique.

2. On dit qu'une formule complexe A a été *utilisée* dans une preuve dialogique si et seulement si toutes les attaques et les défenses possibles sur A, autorisées par les règles structurelles et les règles de particule, ont été réalisées au cours de cette preuve. (On dit qu'une formule complexe A a été *utilisée* dans un tableau si et seulement si une règle de tableau a été appliquée à la formule au cours de ce tableau.)

On applique la procédure du bas-vers-le-haut, autrement dit, on remonte de la thèse au schéma.

1. Réécrire la preuve (de tableau) dialogique en utilisant le système suivant :
   1a. Cocher les formules qui ont été utilisées (voir la définition ci-dessus).

1b. Si une formule donnée a été utilisée *deux fois*, la cocher *deux fois*. Cocher deux fois un quantificateur qui a été instancié deux fois.

1c. Les expressions entre les signes « < » et « > » n'ont pas besoin d'être cochées parce qu'elles ne peuvent pas être utilisées.

2. Commencer le calcul en réécrivant la thèse à droite du signe de séquent.

3. Suivre l'ordre des règles de la preuve dialogique dans l'ordre des rondes (et non des pas), mais appliquer les règles du calcul de séquents.

4. Ajouter à chaque formule un index c'est à dire un chiffre pour indiquer la place qu'elle occupe dans le dialogue.

5. Si le fait d'appliquer les règles du calcul de séquents donne des formules sans index (parce qu'elles n'apparaissent pas dans le dialogue), appliquer la règle d'affaiblissement adéquate.

5a. L'usage de l'affaiblissement peut être déjà reconnu dans la notation *cochée* de la preuve dialogique d'une formule valide. En effet si une (sous-)formule n'a pas été cochée, alors l'affaiblissement sera requis. De plus cette notation indiquera si l'affaiblissement requis se situe à gauche (le côté de **O**) ou plutôt à droite (le côté de **P**).

5b. Les expressions entre les signes « < » et « > » peuvent être éliminées sans l'utilisation de l'affaiblissement. De plus, ces expressions n'ont pas besoin d'être éliminées d'un schéma d'axiome.

5c. Si dans une preuve dialogique, une formule a été cochée plus d'une fois, lui appliquer une instanciation appropriée de la règle de contraction.

Exemples

De nouveau, on considère la preuve dialogique de la loi de Peirce :

O			P				
				$((p{\to}q){\to}p){\to}p$√			0
1	$(p{\to}q){\to}p$√	0		p√			4
I.3	p√		1	<$p{\to}q$>	$p{\to}q$	I.2	II.2
II.3	p√	II.2					

Règles classiques, **P** gagne.

Le système de coches montre déjà qu'au moins un affaiblissement est requis. En effet, la formule assertée par **P** au coup II.2 n'a pas été cochée parce que l'attaque du coup II.3 n'a jamais reçu de réponse.

Si l'on applique la procédure *du bas-vers-le-haut* décrite plus haut, on obtient, dans le calcul de séquents, la preuve suivante de la loi de Peirce, où on a ajouté des chiffres romains pour garder une trace de l'ordre des étapes dans notre preuve :

v $\quad$ p (II.3) $\Rightarrow$ p (1)

-----------------------$\Rightarrow$ affaiblissement

iv $\quad$ p (II.3) $\Rightarrow$ q, p (1)

-----------------------$\Rightarrow$ conditionnelle

iii $\quad \Rightarrow$ p$\rightarrow$q (II.2), p (1) | p (I.3) $\Rightarrow$ p (1), <p$\rightarrow$q> (I.2)

---conditionnelle $\Rightarrow$

ii $\quad$ (p$\rightarrow$q)$\rightarrow$p (1) $\Rightarrow$ p $\hspace{3cm}$ (4)

----------------------------------- $\Rightarrow$ conditionnelle

i $\quad \Rightarrow$ ((p$\rightarrow$q)$\rightarrow$p)$\rightarrow$p $\quad$ (0)

On se penche maintenant sur deux cas de contraction :

1er cas : (p$\rightarrow$(p$\rightarrow$q))$\rightarrow$(p$\rightarrow$q)

O			**P**		
			(p$\rightarrow$(p$\rightarrow$q))$\rightarrow$(p$\rightarrow$q)√	0	
1	(p$\rightarrow$(p$\rightarrow$q) √	0	p$\rightarrow$q√	2	
3	p √√	2	q√	8	
I. 5	p$\rightarrow$q	1	<p>	p√	I.4	II.4
I.i.7	q√		<p>	p√	I.i.6	I.ii.6

Règles classiques, **P** gagne.

Le fait d'avoir coché deux fois le coup 3 indique qu'il a besoin d'être utilisé deux fois par **P** :

vi   (I.i.7) $q \Rightarrow q$ (8), $<p>$ (I.4), $<p>$ (I.i.6) $\mid p$ (3) $\Rightarrow <p>$ (I.4), p(I.ii.6)

------------------------- ---conditionnelle $\Rightarrow$

v $p{\rightarrow}q$ (I.5), p (3) $\Rightarrow q$ (8), $<p>$ (I.4) $\mid p$ (3) $\Rightarrow p$ (II.4)

---conditionnelle $\Rightarrow$

iv $(p{\rightarrow}(p{\rightarrow}q))$ (1), p (3), p (3) $\Rightarrow q$ (8)

---contraction $\Rightarrow$

iii $(p{\rightarrow}(p{\rightarrow}q))$ (1), p (3) $\Rightarrow q$ (8)

------------------------------------ $\Rightarrow$ conditionnelle

ii $(p{\rightarrow}(p{\rightarrow}q))$ (1) $\Rightarrow p{\rightarrow}q$ (2)

--------------------------------- $\Rightarrow$ conditionnelle

i $\Rightarrow (p{\rightarrow}(p{\rightarrow}q)){\rightarrow}(p{\rightarrow}q)$ (0)

2^e cas : $(\exists x(Ax{\rightarrow}\forall x\, Ax))$

	O				**P**	
					$\exists x(Ax{\rightarrow}\forall xAx)$ √√	0
1	?-$\exists$	0			$A_{k1}{\rightarrow}\forall xAx$ √	2
3	A_{k1}	2			$\forall xAx$ √	4
5	?-$\forall x / k_2$	4			A_{k2} √	8
[1]	[?-$\exists$]	0			$A_{k2}{\rightarrow}\forall xAx$	6
7	A_{k2} √	6				

Règles classiques, **P** gagne.

Le système de coches montre déjà que nous aurons besoin de deux applications de l'affaiblissement : une pour le coup 3 (non coché), et l'autre pour la sous-formule $\forall xAx$ de la conditionnelle (non cochée) assertée au coup 6. De plus le fait que la formule assertée comme thèse soit cochée deux fois montre que cette formule requiert l'application d'une règle de contraction.

viii $\quad A_{k2}\,(7) \Rightarrow A_{k2}\,(8)$

-------------------------------- affaiblissement $\Rightarrow$

vii $\quad A_{k2}\,(7)\,,A_{k1}\,(3) \Rightarrow A_{k2}\,(8)$

-- $\Rightarrow$ affaiblissement

vi $\quad A_{k2}\,(7),A_{k1}\,(3) \Rightarrow \forall xAx,\,A_{k2}\,(8)$

-- $\Rightarrow$ conditionnelle

v $\quad <?\text{-}\exists>,A_{k1}\,(3) \Rightarrow A_{k2}{\to}\forall xAx\,(6)\,A_{k2}\,(8)$

Remarque : la reprise de l'attaque de la thèse n'a pas de chiffre.

--- $\Rightarrow$ existentiel

iv $\quad <?\text{-}\forall x/\,k_{2}>\,(5),A_{k1}\,(3) \Rightarrow \exists x(Ax{\to}\forall xAx),\,A_{k2}\,(8)$

--- $\Rightarrow$ universel

iii $\quad A_{k1}\,(3) \Rightarrow \exists x(Ax{\to}\forall xAx),\,\forall xAx\,(4)$

--- $\Rightarrow$ conditionnelle

ii $\quad <?\text{-}\exists>\,(1) \Rightarrow \exists x(Ax{\to}\forall xAx),\,A_{k1}{\to}\forall xAx\,(2)$

--$\Rightarrow$ existentiel

ii $\quad \Rightarrow \exists x(Ax{\to}\forall xAx),\,\exists x(Ax{\to}\forall xAx)\,(0)$

Remarque : la reprise de l'attaque de la thèse n'a pas de chiffre.

--$\Rightarrow$ contraction

i $\quad \Rightarrow \exists x(Ax{\to}\forall xAx)\,(0)$

Bibliographie

Aho T. & Pietarinen A.V. [2006] : *Truth and Games. Essays in Honour of Gabriel Sandu*, Acta Philosophica Fennica, Helsinki.

Barth E. M. & Krabbe E. C. W. [1982] : *From Axiom to Dialogue. A Philosophical Study of Logic and Argumentation*, de Gruyter, Berlin.

Bencivenga E. [1983] : "Free Logics". In D. M. Gabbay and F. Guenthner (eds.), *Handbook of Philosophical Logic*, Vol. III, D. Reidel, Dordrecht. pp. 373-426.

Blackburn P. [2000] : "Representation, Reasoning, and Relational Structures : a Hybrid Logic Manifesto" *Logic Journal of the IGPL* , 8(3), 339-625.

Blackburn P. [2001] : "Modal logic as dialogical logic", in S. Rahman & H. Rückert (2001b), pp. 57-93.

Blass A. [1992] : "A Game Semantics for Linear Logic" in *Annals of Pure and Applied Logic*, **56**, pp. 183-220.

Blass A. [1998] : "Some Semantical Aspects of Linear Logic", *J. Interest Group in Pure and Applied Logic*, **5,** pp. 115-126.

Felscher W. [1985] : "Dialogues as a foundation for intuitionistic logic". In *Handbook of Philosophical Logic*, Vol. 3., D.Gabbay and F. Guenthner (eds.), Kluwer, Dordrecht.

Girard J.Y. [1999] : "On the meaning of logical rules I : syntax vs. semantics", *Computational Logic*, in Berger and Schwichtenberg (eds.), Springer, Heidelberg, pp. 215-272.

Haas G. [1980] : "Hypothesendialoge, konstrucktiver Sequenzenkalkül une die Rechtfertigung von Dialograhmenregeln", in *Theorie des wissenschaftlichen Argumentierens*, Suhrkamp Verlag, Frankfurt.

Keiff L. [2004] : "Heuristique formelle et logiques modales non normales" in *Philosophia Scientiae* , vol. **8-2**, pp. 39-59, Paris, Kimé.

Keiff L. [2006] : „Dialogocal Logic", texto on line a aparecer en *Stanford Encyclopedia of Philosophy*.

Lorenz K. [1961] : *Arithmetik und Logik als Spiele*, Diss, Kiel.

Lorenz K. [2001] : "Basin Objectives of Dialogue Logic in Historical Perspective", in S. Rahman & H. Rückert [2001b], pp. 255-263.

Lorenzen P. [1955] : *Einführung in die operative Logik und Mathematik*, Springer, Berlin, Göttingen, Heidelberg.

Lorenzen P. [1958] : "Logik und Agon", *Arti del XII Congresso Internationale de Filosofia*, Venezia. pp. 187–194. (Reprinted in Lorenzen and Lorenz [1978].)

Lorenzen P. and Lorenz K. [1978] : *Dialogische Logik*. WBG, Darmstadt.

Perelman C. & Olbrechts-Tyteca L. [1958] : *La Nouvelle Rhétorique*, PUF, Paris.

Prakken H. [2005] : "Coherence and flexibility in dialogue games for argumentation". *Journal of Logic and Computation*, **15**, pp. 1009-1040.

Read S. [1994] :*Thinking about logic. Oxford*, Oxford University Press.

Rahman S. [1993] : *Ueber Dialogue Protologische Kategorien und andere Seltenheiten*, Peter Lang, Frankfurt, pp. 88-107.

Rahman S. [2001] : "On Frege's Nightmare. A Combination of Intuitionistic, Free and Paraconsistent Logics". In H. Wansing (ed.), *Essays on Non-Classical Logic*, World Scientific, New Jersey, London, Singapore, Hong Kong, pp. 61-85.

Rahman S. [2002] : " *Non-normal Dialogics for a wonderful world and more* " to appear in *Philosophical Insights into Logic and Mathematics*, G. Heinzmann (ed.), LEUS, Springer, Dordrecht.

Rahman S. & van Bendegem J.P. [2002] : "The dialogical dynamics of adaptive paraconsistency". In A. Carnielli, M. Coniglio, I. M. Loffredo D'Ottaviano (eds.), Paraconsistency, the dialogical way to the inconsistent, Marcel Dekker, New York. pp. 295-sq.

Rahman S. & Carnielli W. A. [2000] : "The Dialogical Approach to Paraconsistency". *Synthese*, **125**, No. 1-2. pp. 201-232.

Rahman S., Damien L. & Gorisse M.H. [2004] : " La dialogique temporelle ou Patrick Blackburn par lui même".

Rahman S. & Keiff L. [2004] : "On how to be a dialogician". In D. Vanderveken (Ed.) *Logic, Thought and Action*, Springer, Dordrecht, pp. 359-408.

Rahman S. [2004] : *Dialogique Standard : Notions fondamentales*,
texte en ligne : http://stl.recherche.univ-lille3.fr/sitespersonnels/rahman/rahmancourscadre4.html

Rahman S. & Rückert H. [2001a] : "Dialogical Connexive Logic" in S. Rahman & H. Rückert [2001b], pp. 105-139.

Rahman S. & Rückert H. [2001b] : "New Perspectives in Dialogical Logic", special issue of *Synthese*, **127**.

Rahman S. & Tulenheimo T. [2006] : "From Games to Dialogues and Back : Towards a General Frame for Validity", O. Majer/A. Pietarinen/T. Tulenheimo (ed.), *Games: Unifying Logic, Language and Philosophy*, Part III, LEUS, Springer, Dordrecht.

Restall G. [2000] : *An Introduction to Substructural Logics* , Routledge, Oxford.

Restall G. [2002] : "Carnap's Tolerance, Meaning and Logical Pluralism", Journal of Philosophy, **99**, 426–443.

Saarinen E. [1978] : "Dialogue Semantics versus Game-Theoretical Semantics". In *Proceedings of the Biennial Meeting of the Philosophy of Science Association* (PSA), Vol. 2 : *Symposia and Invited Papers*. The University of Chicago Press, 41-59.

Stegmueller W. [1964] : "Remarks on the completeness of logical systems relative to the validity of concepts of P. Lorenzen and K. Lorenz". *Notre Dame Journal of Formal Logic*, **5**, pp. 81-112.

Toulmin S. [1958] : *The Uses of Argument*. Cambridge University Press, Cambridge.

Wittgenstein L., [1953] : *Philosophical Investigations*, Oxford, Blackwell Publishing.

Woods J. , Irvine A. & Walton D. [2000] : *Argument : Critical Thinking Logic and The Fallacies*, Prentice-Hall, Toronto.